I0831624

B I B L I O T H E C A
SCRIPTORVM GRAECORVM ET ROMANORVM
T E V B N E R I A N A

BT 2025

BLOSSIVS AEMILIVS DRACONTIVS

CARMINA PROFANA

RECENSVIT

OTTO ZWIERLEIN

DE GRUYTER

ISBN 978-3-11-050124-7
e-ISBN (PDF) 978-3-11-051563-3
ISSN 1864-399X

Library of Congress Cataloging-in-Publication Data

A CIP catalogue record for this book has been applied for at the Library of Congress.

Bibliographic information published by the Deutsche Nationalbibliothek

The Deutsche Nationalbibliothek lists this publication in the Deutsche Nationalbibliografie; detailed bibliographic data are available on the Internet at http://dnb.dnb.de.

Printing: Hubert & Co. GmbH & Co. KG, Göttingen
♾ Printed on acid-free paper

Printed in Germany

www.degruyter.com

HOC LIBRO CONTINENTVR

PRAEFATIO

Carmina Dracontii profana quemadmodum pervenissent nostram in aetatem, cum alibi fusius exposuerim[1], hic paucis absolvam.

1. *Romulea* quae dicuntur decem carmina[2] unus nobis tradidit codex **N** (cod. Neapolitanus IV E 48, s. XV^{ex}/XVI^{in}), quem si non ex ipso exemplari Bobiensi (**β**), at certe ex eius quadam propagine hausisse mihi persuasum est. quo in codice Dracontii *Medea* bis continetur. praecedit enim fabulam in foliis 49r–58r prima manu (**N**) scriptam alterum exemplar *Medeae*, quod manu Georgii Galbiati exscriptum (**G**) sollers quidam librarius in ceteras codicis **N** schedas inseruit (foll. 39r–48v). notum est hunc Galbiatum, qui ab epistulis officio apud Georgium Merulam, Mediolanensem illum virum doctum et artium liberalium peritissimum, functus est, anno 1493 iussu patroni aliquos libros manuscriptos in penetrali Bobiensi conservatos mutuatum esse. utrumque autem *Medeae* textum, et quem manus praebet codicis **N** prima et quem Galbiatus, ex uno eodemque hyparchetypo fluxisse constat.

Accedunt *Flores moralium auctoritatum* anno 1329 a Guglielmo de Pastrengo collecti. cuius in florilegii Veronensis (***flor. Ver.***) [Bibl. capitul. CLXVIII (155)] foliis 3v, 4r, 8r hi quidem *Romuleorum* versus afferuntur: 9,5; 9,8–9; 8,131sq.; quibus singulis titulus est 'Bloxus [vel 'Blosus'] in Romulea'; in folio autem 1r laudatur fragmentum quoddam versuum duorum (frg. 1 *quia numina semper | irasci miseris possunt, felicibus autem | et praestare uolunt*) idemque inscriptum est 'Bloxus in Romulea'.

2. *Orestis* carmen duobus codicibus (**B** [Bernensi Bongars. 45, s. IX$^{2/3}$] et **A** [Ambrosiano O 74 sup., s. XV^{2}]) servatum est ex

1 O. Zwierlein, Die Carmina profana des Dracontius. Prolegomena und kritischer Kommentar zur Editio Teubneriana. Mit einem Anhang: Dracontius und die ‚Aegritudo Perdicae', Berlin 2017 (UaLG 127).

2 I *Praefatio Dracontii discipuli ad grammaticum Felicianum*; II *Hylas*; III *Praefatio ad Felicianum grammaticum*; IV *Verba Herculis cum uideret Hydrae serpentis capita pullare post caedes*; V *Controuersia de statua uiri fortis*; VI *Epithalamium in fratribus dictum*; VII *Epithalamium Ioannis et Vitulae*; VIII *De raptu Helenae*; IX *Deliberatiua Achillis an corpus Hectoris uendat*; X *Medea*.

eodem hyparchetypo (α) derivatis. Duodeviginti versiculi vel frustula sub titulo *Proverbia horestis* adducuntur in excerptis florilegii (***exc. flor.***) s. XI/XII, quod parvi in textu constituendo pretii quinque nobis repraesentant codices s. XIII/XIV (**XDHLP**). Versum Orest. 661 bis exhibent exempla Vaticana (***ex. Vat.***), florilegium Vat. Reg. lat. 215, s. IX (olim Turonense), ibique lin. 63 et 178 s. v. *muliērem* non indicato nomine poetae nec carminis.

3. Dracontii epigrammata *De mensibus* et *De origine rosarum* leguntur in *Patria historia* Bernardi Corii (Mediolani 1503). ibi et Dracontii *Panegyricus in regem Trasimundum* commemoratur, quem nunc perditum Corius olim magni aestimavit.

4. Fragmento, quod supra in florilegio Veronensi tradi diximus, addendum est alterum (frg. 2), quod in libro tertio *Historiae patriae* a Tristano Calcho conscriptae invenitur: „Dracuntius quoque Vandalorum temporibus non incultus versificator ... sic scripsit:

sericus in uentos gemmato lumine serpens
tenditur, et rutilas uibrat per nubila cristas.

Eorum [*sc.* Claudiani et Dracontii] vero uterque, et item Sidonius Apollinaris in Panegyricis, emulatus videtur Amiani Marcellini verba, qui ante sic dixerat: *Dracones hastarum aureis gemmatisque summitatibus illigati, hiatu uasto perflabiles et ideo uelut ira perciti sibilantes caudarumque uolumina relinquentes in uentum*“[3].

Dracontii carmina mihi edituro admodum tenue lucrum ex relegendis codicibus manuscriptis futurum esse haud nesciebam. sed multi loci foede depravati postulabant correctoris manum, qui varias librorum lectiones coniecturasque philologorum pensitaret et ipse ingenii ope nova remedia inveniret. quod si ex sententia contigit, poetam aevi Vandalorum post Duhnios Buecheleros Baehrensios Vollmeros sospitatores confirmatis nunc viribus confido

3 Tristanus Calchus, *Historiae patriae libri viginti*, Mediolani 1627, lib. III, 55sq. (corr. ex cod. Ambros. A 188 inf., f. 35v., cf. M. Ferrari, Spigolature Bobbiensi. III. Due versi editi-inediti di un perduto 'Romuleon' di Draconzio, IMU 16, 1973, 31–41, ibidem 35); vide infra frg. 2.

iuvenescere. quo in opere perpetrando multi me adiuverunt liberalissime atque humanissime. ante omnes hos viros feminasque doctissimos futuri memoriae temporis commendaverim: R. Jakobi, M. Deufert, M. Beck, K. Pohl, Th. Riesenweber, Chr. Schmitz. quibus omnibus gratias refero quam maximas.

Bonnae in seminario philologorum universitatis Fridericiae Guilelmiae Rhenanae, pridie Kalendas Martias anni p. Chr. n. MMXVII

Otto Zwierlein

INDEX EDITIONVM ET COMMENTATIONVM QVAE IN APPARATV CRITICO LAVDANTVR

Editiones

Müller, C. G.	*Orestes*	Ienae 1858
Maehly	*Orestes*	Lipsiae 1866
Schenkl	*Orestes*	Pragae 1867
Mai	*Raptus Helenae, Orestes*	Romae 1871
Duhn	'Carmina minora' (*Romul.* 1–10, *satisf.*)	Lipsiae 1873
Peiper	*Orestes*	Vratislaviae 1875
Baehrens	'Carmina profana' (1–14)*, *Orestes*	Lipsiae 1883
Vollmer	Carmina omnia	Berolini 1905, [2]Lipsiae 1914
Giarratano	*Orestes*	Neapoli 1906
Rapisarda	*Orestes*	Cataniae 1951, [2]1964
Diaz de Bustamante	'Carmina profana' (*Romul.* 1–10)	Compostellae 1978
Bouquet	*Orestes, Romul.* 1–5	Parisiis 1995
Wolff	*Romul.* 6–10, *mens., ros.*, fragmenta	Parisiis 1996
Kaufmann	*Medea*	Heidelbergae 2006
Luceri	*Romul.* 6 et 7	Romae 2007
Galli Milić	*Romul.* 6 et 7	Florentiae 2008
Grillone	*Orestes*	Barii 2008

Commentationes

Alfonsi, L.: Dracontiana, Aevum 34, 1960, 100–103

Baehr[1] = Baehrens, E.: Zu Orestis tragoedia, RhM 26, 1871, 493–494

Baehr[2] = —: Kritische Satura, Jahrbücher für classische Philologie 18 (= Neue Jahrbb. f. Philologie und Pädagogik 105), 1872, 636–638

Baehr[3] = —: Kritische Satura, Jahrbücher für classische Philologie 19 (= Neue Jahrbb. f. Philologie und Pädagogik 107), 1873, 69–70

Baehr[4] = —: Ad Dracontii carmina minora (ed. F. de Duhn, Leipzig 1873), Jahrbücher für classische Philologie 19 (= Neue Jahrbb. f. Philologie und Pädagogik 107), 1873, 265–271

Baehr[5] = —: Zu Dracontius, Jahrbücher für classische Philologie 19 (= Neue Jahrbb. f. Philologie und Pädagogik 108 [sic]), 1873, 851–852

* Carm. 11–12 = *De mensibus, De origine rosarum*; 13–14 spuria.

Baehr[6] = —: Jahresbericht über die römischen Epiker, in: JAW (= Bursian, = Jahresbericht über die Fortschritte der Altertumswissenschaft 1, 1873, 211–230

Baehr[7] = —: Neue Verse des Dracontius, RhM 33, 1878, 313–316

Barwinski, B.: Quaestiones ad Dracontium et Orestis tragoediam pertinentes. Quaestio I. De genere dicendi, Diss. inaug. Gottingae 1887

Blomgren, S.: In Dracontii carmina adnotationes criticae, Eranos 64, 1966, 46–66

Brakman, C.: Miscella quarta, Lugduni Batavorum 1934

Brakman[2] = Opstellen en Vertalingen, Lugduni Batavorum 1934

Buecheler = Buecheler, F. in editione Duhnii (1873)

Buech[1] = —: Coniectanea, RhM 27, 1872, 477

Buech[2] = —: In Dracontium, Iuvenalem, Nigidium, RhM 28, 1873, 348–349

Buech[3] = —: adnotationes marginales autographae, quas F. Buecheler appinxit in exemplari suo editionis *Orestis* a J. Maehly Lipsiae 1866 publici iuris factae; quod exemplar in bibliotheca seminarii philologorum Bonnensis asservatur (B 1312)

Bureau, B.: Les pièces profanes de Dracontius. Mécanismes de transfert et métamorphoses génériques, *Interférences Ars Scribendi*, numéro 4, mis en ligne le 19 juillet 2006, http://ars-scribendi.ens-lsh.fr/article.php3?id_article=41&var_affichage=vf

Courtney, E.: The Roman months in art and literature, Mus. Helv. 45, 1988, 33–57

Ellis, R.: On the newly edited poems of Dracontius, Journal of Philol. 5, 1874, 252–261

Gärtner, Th.: Kritisch-Exegetisches zu den Gedichten des Dracontius, Mnemosyne 52, 1999, 198–202

Gil, J.: Dracontiana, in: Navicula Tubingensis. Studia in honorem Antonii Tovar / ed. F. J. Oroz Arizcuren, Tubingae 1984, 161–166

Giarratano, C.: *Commentationes Dracontianae*, Neapoli 1906

Haase, F.: Miscellaneorum philologicorum liber III, Vratislaviae 1861 [Caput VIII. *Orestis tragoedia*, 27–36]

Haase[2] = adnotationes F. Haasii in app. crit. editionis *Orestis* Peiperianae (1875) receptae

Hagen, H.: Zur Orestis Tragoedia, Philol. 27, 1868, 157–168

Hagen[2] = Commentationes H. Hageni in editionem *Orestis* Peiperianam receptae, imprimis p. 44–54

Håkanson, L.: Verschiedene textkritische Bemerkungen, SO 52, 1977, 89–96

Haupt: vide infra

Housman, A. E.: Astrology in Dracontius, CQ 4, 1910, 191–195 (= Class. Pap. II 810sqq.)

Hudson-Williams, A.: Notes on Dracontius, CQ 40, 1946, 92–100

Klussmann, R.: Curae Africanae, Gerae 1883

Kuijper, D.: *Varia Dracontiana*, Hagae Comitis 1958

Leo: vide infra

Loewe, G.: Ad Dracontium et Orestis tragoediam, Acta soc. philol. Lips. II 2, 1874, 483–484

Lucarini, C. M.: Una nuova edizione della *Orestis Tragoedia* di Draconzio, GIF 60, 2008, 313–318

Morelli, C.: Studia in seros Latinos poetas, SIFC 19, 1912, 117–120

Müller, L.: Anonymi Orestis Tragoedia, RhM 21, 1866, 455–467

Nosarti, L.: L'officina dei poeti latini tardo-antichi: fra tradizione e innovazione, Sileno 32, 2006, 195–206

Peiper: vide infra

Petschenig, M.: Bemerkungen zu den poetae Latini minores, Philol. 48, 1889, 562–564

Ribbeck, O.: Kritische Beiträge zu Dracontius, RhM 28, 1873, 461–472

Rossberg, K.: Materialien zu einem Commentar über die Orestis tragoedia des Dracontius, Berolini 1888. 1889

Rossb[1] = Rossberg, K.: In Dracontii carmina minora et Orestis quae vocatur tragoediam observationes criticae, Berolini 1878

Rossb[2] = —: Kritische Nachlese zu Dracontius und der sog. Orestis tragoedia, Jahrb. f. class. Philol. 119, 1879, 475–479

Rossb[3] = —: De Dracontio et Orestis quae vocatur tragoediae auctore eorundem poetarum Vergilii Ovidii Lucani Statii Claudiani imitatoribus, Berolini 1880

Rossb[4] = —: Zur Orestis tragoedia, Jahrb. f. class. Philol. 127, 1883, 569–575

Rossb[7] = —: Zu Dracontius, ALL 4, 1887, 44–51

Rossb[8] = —: Neue Studien zu Dracontius und der Orestis tragoedia, Jahrb. f. class. Philol. 135, 1887, 833–860

Rossb[9] = —: Dracontiana, in: Commentationes Woelfflinianae, Lipsiae 1891, 63–68

Rothm[1] = Rothmaler, A.: Orestis tragoedia, Progr. Nordhusae 1865, 3–30

Rothm[2] = —: recensuit C. Schenkl (ed.), 'Orestis Tragoedia', in: Jahrbücher für classische Philologie 13 (= Neue Jahrbb. f. Philologie und Pädagogik 95), 1867, 861–870

Schenkl[2] = Schenkl, K.: recensuit F. de Duhn (ed.), Dracontii carmina minora (Lipsiae 1873), in: Zeitschrift für die österreichischen Gymnasien 24, 1873, 510–522

Schetter, W.: Kaiserzeit und Spätantike [Kleine Schriften 1957–1992, ed. O. Zwierlein], Stutgardiae 1994

Schwabe, L.: De locis aliquot *Orestis tragoediae*, in: Indices Scholarum, quae ... in Vniv. Litt. Dorpatensi ... habebuntur, Dorpati Livonorum 1867

Shackleton Bailey, D. R.: Emendations of Dracontius' *Romulea*, VChr 9, 1955, 178–183

Sinner, J. R.: Catalogus Codicum Mss. Bibliothecae Bernensis, Bernae 1760, 507–508

Speranza, F.: Noterelle critiche alla Medea di Draconzio, A&R 6, 1961, 168–173

Tolkiehn, J.: Homer und die römische Poesie, Lipsiae 1900

Traube: vide infra

Usener = adnotationes autographae, quas H. Usenerus appinxit in marg. exemplaris carminum Dracontii minorum sibi ab editore Duhnio a. d. XII Kal. Mart. anni 1873 dedicati; quod exemplar in bibliotheca Instituti Archaeologici Bonnensis asservatur (D 5 Drac 200)

Wagler: vide infra

Westhoff, B.: Quaestiones grammaticae ad Dracontii carmina minora et Orestis tragoediam spectantes, Diss. inaug. Monasterii 1883

Weyman, C.: Zu Dracontius, in: idem, Beiträge zur Geschichte der christlich-lateinischen Poesie, Monaci 1926, 142–160

Zingerle[1] = Zingerle, A.: Zu späteren lateinischen Dichtern II, Oeniponte 1879, 52^2

Zingerle[2] = —: Kleine Philologische Abhandlungen. III. Heft, Oeniponte 1882, 59–60

coniecturae horum auctorum ipsae non factae publici iuris sumptae sunt ex editionibus Vollmeri: *Haupt, Leo, Peiper (in 'Romuleis'), Traube, Wagler.*

CONSPECTVS SIGLORVM

β exemplar Bobiense deperditum, fons testium **N** et **G**

N codex Neapolitanus IV E 48, s. XV^{ex}/XVI^{in}, foll. 1r–58r (man. prim. scripsit foll. 1r–16r [*Romul.* I–VII] et 49r–58r [(*Romul.* X) *Medea*], man. sec. foll. 19r–38r [*Romul.* VIII–IX])
G tertia manus codicis **N**, s. XV^{ex}, foll. 39r–48v [*Romul.* X: *Medea*]
(apographon G. Galbiati)

flor. Ver. florilegium Veronense [Bibl. capitul. CLXVIII (155)], 'Flores moralium auctoritatum' anno 1329 a Guglielmo de Pastrengo collecti
(foll. 1r, 3v, 4r, 8r exhibent hos Dracontii versus: frg. 1, Romul. 9,5; 9,8–9; 8,131sq.; qui singuli inscribuntur 'Bloxus [vel 'Blosus'] in Romulea')

α fons codicum **B** et **A**, quibus traditur carmen *Orestes*
B codex Bernensis Bongarsianus 45, s. IX$^{2/3}$, foll. 52v–59r
A codex Ambrosianus O 74 sup., s. XV^{2}, foll. 87r–105v

exc. flor. excerpta florilegii s. XI/XII, quae duodeviginti versiculos vel frustula sub titulo *Proverbia horestis* hoc ordine continent: 191. 278–281. 331–332. 337. 539. 452. 544. 671. 903–904. 927–928. 951–952. cuius florilegii testes sunt codices **XDHLP**
X codex Monacensis lat. 29110 (olim Buxheimensis), s. XIII/XIV
D codex Berolinensis Dietzianus B Santen. 60, s. XIII/XIV
H codex Harleianus 2745, s. XIV
L codex Leidensis Bon. Vulc. 48, s. XIV
P codex Vaticanus Reg. lat. 2120, s. XIII (olim pars florilegii Paris. 15155)[1]

1 D. M. Robathan, The missing folios of the Paris Florilegium 15155, CPh 33, 1938, 188–197; ibi (p. 197) invenies florum ex *Oreste* excerptorum tabellam, quam in prolegomenis (v. supra p. VII n. 1) suo loco emendavi supplevi explicavi.

ex. Vat. exempla Vaticana, florilegium Vat. Reg. lat. 215, s. IX (olim Turonense)
(bis exhibent versum Orest. 661 s. v. *muliērem* non indicato nomine poetae nec carminis)

Ian. = *Iannelli*
Zw. = *Zwierlein*

his signis librorum corruptelae indicantur:
∴ praef. (= praefixit) *vel* sscr. (= suprascripsit) **β** (*vel* **N** *vel* **G**)
†
℞ = require
⟨...⟩ = lacunam indicavit vel supplevit n. n.
[...] = spatium vacuum in codice relictum a n. n. suppletum est vel suppleri adhuc non potuit
{...} = delevit n. n.

Interdum librarii his sunt ligaturis vel compendiis usi:
ę = ae (*vel* oe)
ã ẽ õ ũ = -am, -em/en, -on, -um
ñ/nõ = non

Errores qui ad prosodiam pertinent[2] hoc modo designantur:
ā ē ī ō ū ȳ = vocales breves producuntur
ă ĕ ĭ ŏ ŭ = vocales longae corripiuntur

Haec verba (nominibus propriis exceptis) in apparatu critico vitiosae prosodiae signo notavi:

ā: 6,50 *utrā⟨que⟩*; Orest. 708 *stātim*; *ē*: 8,413 *ēdere*; 8,508 et 10,5 *muliēris*; Orest. 506 *rēgressus*; *ī*: 1,14 *Romulīdas*; 8,96 *abdīcor*; 9,129 *abdīcas*; Orest. 52 *turībula*; mens. 13 *domicīlia*; *ō*: 6,41 *schōlasticus*; 4,15 et 10,439 *quōque*; Orest. 90 *ōmissis*; 546 *ōdia*; *ū*: 10,295 *repūdia*.

ă: 4,31 *tăbescens*; 7,72 *tăbidus*; 8,23 *Musăgenes*; 213 *impăr*; 478 *ăuerrunces*; 576 *ămens*; 10,53 *uenustăs*; *ĕ*: 5,212 *sorbĕre*; 6,56 *mercĕs*;

2 Vide Vollmer (1905) 442sq.

8,314 et 9,81 *dĕtur*; 8,414 *mulgĕre*; 9,216 *uĕneat*; 10,491 *rĕpit*; *ĭ*: 5,25 *nĭtitur*; 8,603 *quamuĭs*; *ŏ*: 7,36 *cŏpuletur*.

Haec nomina inusitatae sunt prosodiae (v. indicem nominum): *Admĕtus*, *Aeĕtis*, *Agamemnŏn* (Orest. 410), *Chrysĕs*, *Ĕgistus*/*-i*/*-o*/*-um*/*-e* (semper, sc. 16ies), *Ĕgisteus* (Orest. 550), *Enyŏ* (Orest. 785), *Ĕolus* (7,144), *Eteoclĕs*, *Hēcuba*, *Hēlena*, *Iasŏn* (10,42. 254. 267), *Ĭphīgenĭam* (Orest. 52), *Ĭphigēnia* (874), *Lăocon* (8,181), *Lăoconta* (5,285), *Lȳcastum*, *Menelaūs*, *Mĭnos*, *Oedipŭs*, *Optătianus* ([?] 7,109), *Ōrĕadas*, *Orestĕs* (Orest. 708, 20ies in sexto pede), *Pherĕtes*, *Phoenĭcis*, *Pŏlydāmăs* (8,240. 327), *Polynicĕs*, *Polyxēne*, *Pȳlādĕs*/*-ĕ*/*-en*/*-is* (14ies), *Trŏilus* (8,625; quinquies recte), *Vergĭnia*.

De rebus metricis actum est in commentario critico (conferas indicem rerum s. v. 'Metrik'); vide VOLLMER (1905) 441sq. et infra ad 5,35; 10,327; Orest. 740

ROMVLEA

I

PRAEFATIO AD GRAMMATICVM FELICIANVM

ORPHEVM uatem renarrant ut priorum litterae
cantitasse dulce carmen uoce neruo pectine
inter ornos propter amnes atque montes algidos,
quem benignus grex secutus cum cruenta bestia
audiens melos stupebat concinente pollice
(tunc feras reliquit ira, tunc pauor non territat:
lenta tigris, ceruus audax, mitis ursus adfuit,
non lupum timebat agna, non leonem caprea,
non lepus iam praeda saeuo tunc molosso iungitur;
artifex natura rerum quis negat concordiam,
hos chelys Musea totos Orpheusque miscuit),
sancte ⟨tu⟩ pater, o magister, taliter canendus es,
qui fugatas Africanae reddis urbi litteras,
barbaris qui Romulidas iungis auditorio,
cuius ordines profecto semper obstupescimus,
quos capit dulcedo uestri, doctor, oris maxima.
Nostra uota te precamur ut secundes, optime,
ante cuncta non recusans illud ipse pendere,
non tuas si rite laudes, mente sed qua concinam:

Titulus: I Prefatio Dracontij discipuli ad grammaticũ Felicianum | ubi dicta est metro throchaico cũ Fabula ylae **N**^{2} *(lemmatista vel 'rubricator')* **1** renarrant *Baehr*^{4} *266, Buech*^{2} *348*: en- **N** **3** atque **N**: adque *Baehr*^{4} *266* **4** grex **N**^{2} *in marg.*: rex **N** **6** non territat *Petschenig 563* (nil terruit *temptaverat Buech*^{2} *348)*: ïn mei Terṙita **N** **7** lenta *Duhn*: -tas **N** **9** iungitur *Peiper*: iugiter **N** **10** artifex *Ribbeck 472, Baehr*^{4} *266*: artis ex **N** **11** chelys Musea *Buecheler*: cęlis museta *(corr. in* -eia*)* **N** **12** ⟨tu⟩ *add. Baehr*^{4} *267 (metri causa)* taliter *Buecheler*: al- **N** **14** *nota prosodiam* Romulīdas **18** ante *Duhn*: antea **N** **19** tuas si rite (t. quam r. *Baehr*^{4} *267) Baehrens*: tua quirite **N**: tua qui *(i. e.* quomodo*)* rite *Klussmann 10sq.*

nos licet nihil ualemus, mos tamen gerendus est.
ergo deprecantis, oro, cinge lauro tempora.

20 mos ... gerendus *Buecheler*: mox ... gen̈endus **N** *post* **21** II exp. Praefatio throchaicis uersibus dicta Incipit ylas **N**[2]

II

HYLAS

FATA canam pueri Nympharum uersa calore
in melius; sic Musa mones. quis casus ademit
Alcidi comitem, solamen dulce malorum?
    Fuderat Idalius gremio se forte parentis
pinniger et collum uiolentis cinxerat ulnis
oscula pura rogans. mater deuota coruscos
indulget uultus roseoque est orsa labello:
'o mundi domitor, caeli quoque, flamma Tonantis,
numen posco tuum, cuius sub iure uaporo,
per tua tela, puer, fecundis illita flammis
ut des effectum uotis de more parentis.
nil rude, nate, precor nec supplex improba posco;
ardua non iubeo, quamuis magis ardua uincas.'
    ille refert matris disrumpens uerba precantis:
'magna iube, non ausa prius, sublimia manda,
o genetrix. quo tela uocas aut quid petis uri,
quem diuum modo forte iubes hominumue ⟨calere⟩?
exprime: flammetur. quid fletu lumina tinguis?
audeo, si cupias ipsum flammare Tonantem
et dominum caeli facie uestire iuuenci
oblitumque poli rursus mugire per herbas
confessum per prata bouem; cadat aureus imber,
diuitias ut tecta pluant; sit fulminis ales
ipse sui, satyrus cycnus Latonia serpens;
Alcmenam galeatus amet, mucrone coruscet

1 fata *Duhn*: facta **N**   calore *Duhn*: col- **N**   **2** sic *Petschenig 563*: si **N**   **5** uiolentis *Buecheler*: uol- **N**; *cf. Ov. ars 1,23; Paul. Petric. Mart. 2,565 (*sanctis genibus uiolenter inhaerens*)*   **8** domitor $\mathbf{N}^{pc}$: genitor $\mathbf{N}^{ac}$ **10** *versum in contextu omissum in marg. supplevit et ei signo °// suum locum attribuit* **N**   **17** modo forte iubes] *cf. Repos. 166* tunc forte iubendo *(vv. 166sq. secl. SB in AL 247 SB)*   hominumue *Duhn*: -num de ∴ *(in marg. dextra)* **N**   ⟨calere⟩ *Vollmer*   **22** confessum *Baehr*[4] *267*: -sus **N**; *v. ThLL IV 231, 32–64 (Ov. met. 3,1sq.)*   **23** sit *Buecheler*: sint **N**   **24** ∴ *praef.* **N**   ipse sui *Buecheler*: ipse ui **N**

et clipeo rutilante tonet, dum miles adulter
coniungat noctes subtracta luce dierum.
si Pallas placeat, nostros iam sentiet ignes
uirgo ferox, sexum fugiens, uiresque fatetur,
ut solas tractet reiecta cuspide lanas.
noster si reus est auctor Neptunus, anhelans
aestuet inter aquas telo flammante per undas;
igne meo uincentur aquae: fumantibus undis
Tritones Galatea, Thetin delphines amabunt,
quidquid fluctus habet, totum succendo pharetris.
    siue, parens, optas homines his ignibus ustos
illicitos inhiare toros, ut non pia patris
oscula nata petat uel natus matris amator
dulce nefas cupiat, frater uitietque sororem
priuignoque suo potiatur blanda nouerca:
alter erit Perdica furens atque altera Myrrha,
Iuppiter alter erit terris de fratre maritus –
parua loquor: tauro, si iusseris, altera regis
flammetur coniux, reddetur et altera Phaedra'.
    At his laeta Venus uultu mutata renarrat:
'impubes lasciue puer, cui subiacet omne
quod natura creat, caelum mare sidera tellus,
nemo notet Venerem, quod supplex mater Amorum
ignis opem de prole rogat. nam munere in isto
quamuis sit communis honor, tamen, alme, fatemur
hic numen plus posse tuum. lamenta parentis
si placet ulcisci, paucis (aduerte) docebo.
Nympharum, puer alme, chorus dum pensa reuoluit
Penei sub fonte sui (pudet ore referre),

29 sexum *Zw.*: -u **N** fugiens *Baehr^4 267, ^{6}226, Rossb^8 854 (coll. Iuv. 6,253)*: fugiet **N** uiresque] *sc.* nostras **30** ut **N**: et *Peiper; an* dũ *(v. ad 8,555)?* solas *Duhn*: -us **N** reiecta *Duhn*: retecta **N**; *cf. 8,357* **31** noster] *sc.* auctor **32** per undas **N**: perustas *Baehr^4 268, sed cf. 10,86 (Rossb^8 835)* **36** ∴ *praef.* **N** siue *Buecheler*: si **N** **37** inhiare *Zw.*: uiolare **N** **38** uel *Duhn*: nec **N** **38–40** natus … nouerca] *cf. Catull. 64,402sq.* **43** tauro *Duhn*: -os **N** **46** impubes *Buecheler*: impudens **N**; *cf. 6,59; 7,12* **48** notet *Buecheler*: -at **N** **49** opẽ *(ex -es)* **N** **50** *versum eodem modo quo 10 in marg. suppl.* **N** **51** hic *Baehrens*: hinc **N**

Solis amata canit Clymene mea crimina Nymphis
meque suo prensam Nymphas monet indice Sole
Vulcanique sonat captiuo Marte catenas.
quas audire libet de nostra clade canentem.
sed si de nobis certe cantare placebat,
iudicium Paridis uel nostros, nate, triumphos
cantarent fluidae carpentes pensa puellae.
est gemitus haec causa mei. quas ure sagittis
corda uel illarum dulci continge ueneno;
noscant quid sit amor, discant tua tela ⟨uereri⟩:
Alcidis comes est comptus puerilibus annis,
quem rubor ut roseus sic candor lacteus ornat;
illi purpureus niueo natat ignis in ore.
hoc puero uiso Nympharum turba calescat;
haec illis sit poena nocens, ut uota trahantur
ipsarum in longum, donec pubescat amatus.'
    Iret adhuc in uerba dolor, ni pinniger audax
dimittens matrem fricuisset cote sagittas.
arcu cinctus erat, dantur post terga pharetrae,
accipit et flammas hominum diuumque uoluptas.
euolat armatus: uix caelum liquerat ales,
iamque tenet terras; sic currit mentis acumen.
ut uenit ad fontem, lapidem proiecit in undas.
concussit uitreo sonitus sub fonte puellas:
exsiliunt cunctae, quaerunt quae causa quietas
sollicitet. uolucer fugiens nemus intrat opacum,
moxque dei uultus uestiuit imago Napaeae;
tendit membra puer, longos ut crescat in artus,
ut possit complere dolos ac iussa parentis;

55–57 Solis ... catenas] *cf. Verg. georg. 4,345sq.* **57** sonat *Schenkl*[2] *516*: -ant **N**; *v. Petschenig 563* **62** gemitus *Buecheler*: gen- **N** **64** ∴ *praef.* **N** noscant *Duhn*: -cat **N** ⟨uereri⟩ *Petschenig 563 (interiit propter* ueneno *in fine versus prioris)* **65** comes ... comptus *Zw.*: comes ... comes **N**: comes ... comis *Wagler* **74** accipit et *Duhn*: accipiet **N** **81** Napaeae *Baehr*[4] *268*: naidis *(glossa falsae mensurae)* **N**; *cf. 7,34sq. et DServ georg. 4,535* 'napaeas' nemorum nymphas; νάπας enim Graeci dicunt nemora *(v. 2,80* nemus intrat*)*

⟨usque⟩ pedes fluitans uestis laxatur ad imos,
candida diffusi ludunt per colla capilli
et uento crispante gradu coma fluctuat acta,
frons nudata decet diuiso fulgida crine;
et uelut inuitos gressus pudibunda mouebat
incedens fluxoque latent sub tegmine pinnae.
misceturque puer Nymphis sub fronte puellae
et causas perquirit Amor, cur fonte relicto
terrae cauta petant; facilis cui turba fluenti
rem pandit, periurat Amor, quasi nescius esset.
    Interea post bella suis Tirynthius ibat
uictor ouans, cui iunctus Hylas pulcherrimus haeret
gestans fulminei pellem cum dentibus apri;
et licet inualidus haec pondera ferre laborat,
ipse tamen gaudet, quasi iam commune tropaeum
gestet et Alcides non solus fuderit aprum.
horrent Alciden Nymphae mirantur Hylanque.
ex quibus una tamen cunctas adfata sorores
haec ait: ‘o faciles Penei numina Nymphae,
dicite, quando parem puero natura dedisset.
non fuit Hippolytus talis, non pastor ab Ida,
nocturnae fulgore deae non pulcher Iason;
nec Bromius iam talis erat nec magnus Apollo.
felix sorte sua, cui talis semper imago
seruiet et roseis recubans dabit oscula labris.’
    cum nimium laudatur Hylas, se subtrahit ales
et profert arcum; permiscens mella uenenis
armat tela dolis et spargit spicula Nymphis:
pallescunt omnes, subitus rubor inficit ora,

84 ∴ *praef.* **N** ⟨usque⟩ *Rossb*[2] *475 (coll. Orest. 788); cf. Prud. psych. 634 (Rossb*[8] *835)* **89** incedens *Duhn*: incen- **N** **92** terrae cauta *Zw. (duce Rossb*[8] *836, qui* terrae tuta *coniecerat)*: terras cauta **N**; *cf. ThLL III 643,20sqq. (Amm. 15,10,5* per cautiora loca; *14,8,13)* petant *(vel* -unt*) Schenkl*[2] *517*: petit **N** **94** suis] *sc. apri Erymanthii* **98** tropaeum *Buecheler*: triumphum **N**; *cf. 5,320* **100** Alciden *Vollmer (1914)*: -dem **N**; *v. 4,10 (ad Orest. 8)* **101** tamen ... sorores] *Petschenig 563sq. confert 131; v. Ov. met. 5,255* **103** natura *Duhn*: natum natura **N** **106** erat *Baehr*[6] *227*: erit **N** **107** imago] *i. q.* forma, facies; *cf. 133* **110** profert *Duhn*: -rat **N**

tendunt membra simul, cunctis respirat hiatus
oris et ad crines digiti mittuntur amantum,
incipiunt fari mediaque in uoce resistunt:
tot signis uulgatur amor. Clymeneque sorores
alloquitur: 'placet, almus Hylas rapiatur in undas,
ut sit noster amor. nec erit mihi crimen amanti:
Oenone Paridem, Lycastum zelat Amazon,
pulcher amatur Adon, Furias amat ipse Cupido:
quod caelum, quod terra fretum, quod sidera Pluton
exercet per saecla diu, cur Nympha ueretur?'
   dum loquitur, transibat Hylas fontemque petebat
hauriturus aquas (urnam licet ipse tenebat).
ut puer est uisus, faciles risere puellae
et lentum uenisse putant: placet omnibus idem.
uix urnam submisit aquis dextramque tetendit,
⟨. . . . .⟩,
cum quo se nymphae pariter mersere sub undas.
expauit sic raptus Hylas pauidusque petebat
herbida quod uitreum tellus perfuderat antrum.
Deiopea tamen cunctas hortata sorores
alloquitur puerum: 'non te decet ora rigare
fletibus, alme puer; ploret deformis imago,
non est flere tuum. mundum tibi nullus ademit:
nos rosa, nos uiolae, nos lilia pulchra coronant,
nos Hyacinthus amat, noster Narcissus ab undis:
fontigenis dat serta comis redimitque capillos
quidquid floris olet, quidquid dant prata ru⟨boris⟩.

115 incip. ... resist.] *cf. Verg. Aen. 4,76* **116** Clymenaque **N**, *corr. Duhn* **117** in undas *Duhn*: ut und. **N** **118** amanti *Duhn*: -tis **N** **119** Oenone *Duhn (p. 93. 111), Baehr*[4] *268, Haupt*: Dione **N** Lȳcastum zelat *Duhn*: lycassum ce- **N** **120** Furias ... Cupido] *cf. 10,460 (Rossb*[8] *837)* **122** exercet **N**: -ent *Duhn* **123** Dum *Zw.*: Cum **N** transibat *(cf. 94) Buecheler*: cantabat **N** **125** est uisus] *sc. transiens fọntemque petens* fac. r. p.] *cf. Verg. ecl. 3,9* **126** Cy *(pro ℞) praef.* **N** et¨lentum **N**: et lautum *Buecheler*: 'electum?' *Anonymus apud Usenerum* *post* **127** *lacunam indicavit Schenkl*[2] *517* **130** quod *Haupt*: quo **N** **136** ab undis **N**: alumnus *Baehrens, sed cf. 104; 8,117; 9,209* **137** redimitque *Duhn*: redigit- **N** **138** ∴ *praef.* **N** olet *Duhn*: solet **N** ru⟨boris⟩ *Buecheler*: ru **N**

tu noster iam sponsus eris sine fine dierum.'
his dictis mentem pueri mulcebat amicis.
Interea furibundus adhuc Tirynthius ibat
et clamans quaerebat Hylan; cui litus et unda
Herculea cum uoce sonant et nomen amati
montes silua uocant; tantum fons ille tacebat,
in quo raptus Hylas. cum iam remearet ad ⟨astra⟩
post factum pinnatus Amor matrique triumphum
apportaret ouans, uocem deus Herculis hausit
et gemitus quaerentis Hylan; cui gesta fatetur:
Alcidis comitem fontis rapuisse puellas,
ignibus Idaliis exustas Herculeas spes.
obriguit gemuitque simul clauamque remisit:
'o frustra nutrite puer, spectator ubique
uirtutis per cuncta meae (te teste pericla
saepe tuli, cum uictus aper, cum fracta leonis
colla Cleonaei telo parcente necantur,
cum simul Antaeum rapui Telluris alumnum):
quis mihi sudorem lasso post proelia terget?
quis comes alter erit, cum dat fera bella nouerca?
quid matri narrabo tuae, quae te mihi paruum
deposuit pietatis inops? quae pignora reddam,
cum conuentus ero? dicam tamen ipse parenti:
"exulta, genetrix, nimium laetare, beata
ante parens hominis, pulchri modo numinis auctor"'.

140 amicis *Baehr*[4] *268*: -ca **N**; *cf. Stat. Theb. 3,294; Ach. 1,79* **142–144** cui litus ... sonant et nomen ... uocant] *cf. Prop. 1,20,49sq. et Verg. ecl. 6,44* **145** ∴ *praef.* **N** ⟨astra⟩ *Duhn* **150** Idaliis exustas (-utas *Duhn*) *Wagler*: Idalii rexutas **N**; *cf. 8,495; 10,110* **151** clauamque *Duhn*: -umque **N** **155** telo parcente] *v. ad 4,29sq.* **159–161** *cf. Val. Fl. 3,734sq.; Verg. Aen. 11,45sqq. 54sq.* **160** pietatis inops] *an idem fere quod* nihil efficiens pia depositione? *aliter laud. 1,469* *post* **163** III. Exp. fabula ylae. Incipit praefatio ad felicianũ grammaticũ: | cuius supra in auditorio cũ ad locutione **N**[2]

III

PRAEFATIO AD FELICIANVM GRAMMATICVM

FRVCTIBVS apta quidem cunctis est terra creatrix,
altius intendens sed causas perspice partus
et totum cognosce poli. nam rore maritat
arua suo uel sole fouet uel temperat aestus
alternans elementa potens, ut reddat et umbras
montibus arboreas et culmos armet aristis,
uentilet et matrem grauidam pendentibus uuis
pampinus exsultans et palmes uerberet ulmos
contortusque fluat nodo uiridante corymbus
et numquam positura comas flectatur oliua.
at si temperies rerum opportuna negetur,
infecunda forent squalentia uiscera terrae
et limos obducit ager deceptus inertes:
discipuli sic quippe silent, si forte magister
tollatur, doctrina potens. qua praeduce cultor
antistesque tuus de uestro fonte, magister,
Romuleam laetus sumo pro flumine linguam
et pallens reddo pro frugibus ipse poema:
Tu mihi numen eris, si carmina nostra leuaris;
nam tua sunt quaecumque loquor, quaecumque canemus.

1 fructibus apta] *cf. Colum. 3,1,2* creatrix *Buecheler*: creatis **N**: -andis *Baehr*[6] *227; v. laud. 2,76. 189 (ad* **1–10** *cf. laud. 1,167–177; 2,216–236; Lucr. 1,250sqq.; 2,991sqq.)* **2** partus *Duhn*: -tas **N** **3** totum ... poli] *cf. Sen. epist. 95,10sq. (Lucr. 1,54sqq.)* **3sq.** rore ... suo] *cf. Claud. rapt. Pros. 2,89* **4** temperat aestus *Duhn*: tempera haustus **N**; *cf. laud. 1,590* **6** arboreas *Buecheler*: -eis **N**; *cf. Ov. met. 10,129; Pont. 4,5,41* culm. ... arist.] *cf. Nemes. cyn. 292* **8** ulmos *Baehr*[4] *268*: uuas *(ex 7)* **N**; *cf. Stat. silv. 5,1,48sq.; Iuv. 8,78* **13** limos ... inertes *Buecheler*: -us ... inhaeret **N**: limo se ... inerti *Ribbeck 472, Haupt; cf. 2,130; var. lect. Orest. 453 et v. Verg. ecl. 1,48; Prud. cath. 11,72; apoth. 1025* obducit **N**: -cat *Buecheler* **15** cultor *W. Schmitt (ap. Vollmer [1914])*: dictor **N**; *cf. Ov. trist. 3,14,1 (*cultor et antistes doctorum sancte uirorum*)* **17** Romuleam l. sumo *Buecheler*: -eum l. summo **N** **20** sunt *Rossb*[2] *475 (coll. satisf. 113)*: sint **N**; *cf. Hor. carm. 4,3,21. 24* *post* **20** IV. Exp. praefatio. Incipit ad locutio. Verba Herculis cum uideret | Hydrae serpentis capita pulare post caedes **N**[2]

IV

VERBA HERCVLIS CVM VIDERET HYDRAE SERPENTIS CAPITA PVLLARE POST CAEDES

IVPPITER omnipotens, celsi moderator Olympi,
cur mihi uiperei fetus mala fata minantur?
te regnante, parens, in me coniurat iniqua
[serpe]ntum cristata manus; sed forte superbi
[nunc] caelum terras pontum fulmenque trisulcum
[anguip]edes et Iuno tenent, seu fulgidus ortu
[desilis] ad terras seu iam defessus anheli
sideris occasu maestus tua regna relinquis.
paenitet, alme parens, uestra de stirpe creatum
Alciden, quia nullus honos et mille pericla.
nam quodcumque malum superas euincit in auras,
Herculis hostis erit. per nos nam bella geruntur,
Iuno nouerca furens potuit quae uicta parare
priuigno (natum quem comprobat esse Tonantis,
dum nobis immensa iubet); me quoque triumphis
horrida bella manent, et numquam stare licebit
hoste sine, trucibusque diu concurrere monstris
compellor. genitor, te in nosmet pessima coniux
horrescit: misero semper tu causa pericli es.
nam mihi reptanti tumida ceruice dracones
Iuno duos misit, quis frontem crista tegebat,
flammea lux oculis, pro spumis taetra uenena,
sibila uibrabant linguis sub dente trisulcis:
terror erat uisus cunctis sonitusque draconum.

tit. *(v. post III 20)* pulare **N**: pullulare *Duhn, sed cf. Calp. ecl. 5,20* **4** [serpe]ntum *Duhn*: nium *post lacunam* **N** **5** [nunc] *Duhn*: *lacunam habet* **N**: *'an* iam*?' Deufert* **6** [anguip]edes *Zw.*: edes *post lacunam* **N** **7** [desilis *(vel* laberis*)*] *Buecheler*: *lacun.* **N** **8** maestus *Duhn*: -os **N** **10** Alciden *Vollmer (1914)*: -em **N**; *cf. 2,100* **11** superas euincit *Buecheler*: superans se uincit **N**: sup. exurgit *Peiper*: erumpit *Giarratano 12 (ad* **11sq.** *cf. Sen. Hf 937sqq.; [Sen.] HO 14sq. 28. 34sq. 53sq.; ad* **14sq.** *Hf 35sq. HO 9sq.)* **15** *nota prosodiam* quōque *(sic et 8,637; laud. 1,443; 2,245)* **18** in nosmet *coniunge cum* pessima **22** tetra *Buecheler*: tecta **N**; *cf. 5,183* **23** sub *Baehrens (coll. 10,466)*: ab **N** **24** terror *Duhn*: -rot **N**

quos manibus ridens compressi paruulus ambos.
hi tribuere mihi primum pro morte triumphum,
et letum, non praeda fui Iunonis alumnis.
hostes desse mihi duxi post bella leonis,
quem nullo mucrone peti nec retibus ullis
implicui, fretus manibus conuersus ad illum,
cuius pelle tegor. Nunc fortiter ecce tabescens
tertia bella gero, quae caedes passa resurgunt.
en totiens percussa lues magis extitit ardens
et numquam sternenda uenit. pro fata nefanda,
uincere peius erit: propriis nam uiribus ipse
impugnor; saeuos gladius mihi suggerit hostis,
non rapit ecce meus, sed proelia uicta reformat.
Huc quicumque deus frater mihi summus Olympo es,
huc ades et miseri tandem succurre periclis;
sed quaeso uenias suboles ut nulla nouercae,
quamuis sis frater. iam tu succurre, Minerua
bellipotens, patrius cui casside fulgurat ardor,
quae clipeo rutilante tonas, quae fulmina uibras,
pectore saxifico cui militat impia Gorgon:
intemerata soror de uertice missa Tonantis,
sudori succurre meo. quibus artibus angues
extinguam, qui sponte petunt mucronis acumen,
ut crescant, gaudentque mori? fera colla draconum
caesa uigent! alter surgit de uulnere serpens!
consilium mihi uirgo dedit: 'quia mucro laborat
incassum, gelida flammis exure uenena
et praestes cum morte rogos; caput omne perurat
ignis edax anguesque crement post uulnera flammae.'

28 desse ... duxi *Baehrens*: deesse ... dixi **N** **29** retibus *Baehrens*: uẹst- **N**: rest- *Haupt; cf. 10,405sq.; Gratt. cyn. 49* **30** conuersus *Zw.*: nec maṡerus **N** *(ut videtur;* nec maürus *leg. edd. priores)* **31** tăbescens *Duhn*: -ent **N**: fatiscens *Baehr*[4] *268* **33** lues *Duhn*: luens **N** **36** gladius *Buecheler*: -os **N** **37** meus *Schenkl*[2] *517*: -os **N** **38** huc *Duhn*: hoc **N** frater *Buecheler*: pater **N**; *cf. Sen. Hf 907* **41** quamuis **N**: quisquis *Baehrens (cf. Hf 907)* **48** crescant *Vollmer (1905)*: -unt **N** colla *Rossb*[1] *5*: corda **N**; *cf. 10,24. 442* **48sq.** *dist. Zw.* **52** praestes *Giarratano 12*: prestem $\mathbf{N}^{ac}$: pestem $\mathbf{N}^{pc}$: praestent *Vollmer; cf. 9,227; Ov. Pont. 2,3,41* *post* **53** Τελος *subscr.* **N**

V

CONTROVERSIA DE STATVA VIRI FORTIS

VIR FORTIS OPTET PRAEMIVM QVOD VOLET. Pauper et diues inimici. bellum incidit ciuitati. diues fortiter fecit: reuersus praemii nomine statuam petiit et meruit. secundo fortiter egit: reuersus petiit praemii nomine asylum fieri statuam suam et meruit. tertio fortiter fecit: reuersus petiit praemii nomine caput pauperis inimici. pauper ad statuam diuitis confugit. contra dicit.

QVIS furor iste nouus? quae tanta licentia ferri?
poscitur, ut ciui liceat prosternere ciues
et facinus sub laude gerat crimenque triumphum
dicat et hostiles patriae reuocare sagittas
ciuili sub lege uelit, uiduare maritis
matronas, orbare patres, iugulare propinquos.
reliquias belli scelus est cum lege necare,
pro quibus arma tulit. mitis si uinceret hostis,
parceret atque humiles uellet seruare cateruas.
   iam non pro patria uir fortis bella gerebat
defendens umbone latus, per proelia cristas
dum quateret galeatus apex, aciesque cruentas
letifero mucrone premens: sub imagine ciuis
impius hostis erat merito, qui uincere uellet,
ut ciues iugularet ouans. optate tyrannos
iam, proceres, uincant hostes quibus aspera mens est
nec studium post bella manet! dum classica rumpunt,
hostibus externis grauis ⟨est⟩ inimicus in armis,
post aciem dominus mitis qui uicit habetur

tit. V. Controuersia ... contra dicit **N**²; *continue scriptum his litteris maiusculis:* C*(*ontrouersia*)*, V*(*ir*)*, P*(*auper*)*, T*(*ertio*)*, P*(*auper*)* egit] *'an* fecit*?' Riesenweber (rhythmo consulens)* *ante* **1** ⟨Prooemium⟩ *supplendum esse duxit Vollmer* **1** Quis] *littera* Q ἐν ἐκθέσει *posita* **5** maritis *Baehr⁴ 268*: -tas **N**; *cf. 8,154; Aegr. Perd. 181* **12** apex *Buecheler*: apte **N**; *cf. Ciris 501* **15** ouans *Duhn*: orbans **N** **16** uincant *Buecheler*: -cat **N**; *cf. 8* **17** *distinctionem post* rumpunt *sustulit Vollmer (1914), sed cf. 27* **18** ⟨est⟩ *Duhn* in *ex* ut *(?)* **N**pc **19** uicit *Baehr⁴ 268*: uincit **N**

aut ex hoste manet simplex ac fidus amicus,
si bellum sub pace cadat. Quod sentio prodam:
iam, ciues, formido, mei, uos ergo cauete:
hostibus obstrictus patriae de clade pacisci
clam potuit, qui saeua parat, qui colla propinqui
ciuis et insontis nititur truncare cruentus.
perdidimus quoscumque uiros, forte iste necauit:
classica dum reboant et Martia tela pluuntur,
inter ferratas acies lituosque sonantes
obuius armato iuueni si ciuis adesset,
quid faceret qui in pace furit, qui turpibus instat
mortibus insontum, qui funera pressa reformat?
seruati ciuis nunc sunt ubi praemia quercus?
    reddite bella, duces, inimicas reddite gentes:
barbarus omnis eat, rapiant simul arma Sueuus
Sarmata Persa Gothus Alamannus Francus Alanus
uel quaecumque latent gentes aquilone remotae
in nos tela parent: minor est pauor. aduena campo
prodeat armatus: muris seruare salutem,
si nequeas pugnare, licet. cum ciue per urbem
infelix quid ciuis agat? quid, nocte dieque
moenia rostra forum capitolia templa penates
illustrans et fana simul delubra theatra
circumeat cum ciue malo, cum ciue cruento?
nullus ab insidiis locus est qui fraude uacabit.
    adde quod iratus uictor cum lege minatur
et lator legis ciuilia iura repellit,
ut legem premat ipse suam, quam sanxerat ante.

20 manet *(def. Schenkl*^{2} *515)* **N**: uenit *Buecheler*: meat *(vel* meet*) Baehr*^{4} *268* amicus] *cf. 54. 70. 287* **22** ciues ... mei] *cf. 8,176* cauete *Buecheler*: cadete **N** **25** nĭtitur] *correptio ex confusione cum* nitere *orta* **26** forte *Duhn*: -tes **N** **32** seruati *(*i *ex* e, *ut vid.)* **N**^{pc} **35** Gotthus (**N**)] *'syllaba clausa producitur in arsi (in caesura)' Vollmer (1905) 442; cf. 6,60; 9,206; 10,139. 503. 519; Orest. 66. 197. 368. 405. 784* **38** ∴ *praef.* **N** prodeat *Duhn*: producat **N** *(contra metrum; Bouquet conferri iubet laud. 2,298; Orest. 816)* **42** inlustrans *Buecheler*: -ant **N**; *cf. ThLL VII 1,399,39sq. (i. q.* inuisens, peragrans*)* **44** qui *(ex* que, *ut vid.)* **N**^{pc} ab insidiis ... fraude] *pro* ab ins. et fraude **47** ipse *Duhn*: ipsa **N**

dum uictor post bella redit, cum testis imago
formatur uirtutis, honos et gloria campi:
laetantur mites, gaudebat turba reorum
et ueniam meruisse putant. quis ciuis asylum
credat in arce micans insontibus esse periclum?
Pauper adest miserandus inops, sed ciuis honestus,
semper egens humilis, dignus quem diues amaret,
cuius in obsequio famulari posset alumnus,
turba superborum sineret si dura clientum;
qui dignum seruire putans indignus habetur
uel fastiditur supplex; inimicus et hostis
diuitis arguitur pauper, qui uota clientis
ausus habere miser; nec ⟨haec⟩ tamen ipse meretur,
sed probus horretur. domibus magis ille potentum
liber amicus erit, quisquis uult esse satelles,
quo praesente nefas committitur atque siletur,
aut scelus hoc si forte sonet, tamen ille negabit
sponte petens tormenta cruces, per membra, per artus
carnifices flammas proprio satiare cruore,
tortoris laudare manum; pro diuite poenas
si patitur, si uincla gerens ergastula portet,
se reputet cruciasse alios ut crimina celent:

50 mites **N**: humiles *Vollmer, sed cf. Iuvenc. 1,454/456; Arator ad Flor. 16; Stat. Theb. 7,611* *ad* **53–117** *v. Sh. Bailey 179–182* **53** Narratio *in marg. adscr.* **N**^{2} Pauper] *littera* P ἐν ἐκθέσει *posita* **53sq.** honestus ... egens **N**: honesta *(vel* -e*)* ... agens *Rossb*^{1} *5* **55** cuius *Buecheler*: Turba superborum *(in initio versus ex 56 praeceptum, postea expunctum)* Ciuis **N** **56** Turba (**N**)] ‘tanta *conicias uel* torua *uel simile quid’ Duhn* ‘dura *Lohmeyer col. laude Pis. 134’ Usener*: turba **N**: torua *Baehrens* **57** qui *Buecheler*: quid **N** **58** fastiditur *Buecheler*: -tus **N** **60** ⟨haec⟩ *Buecheler* ipse *(pro* is*?)* **N**: ipsa *Schenkl*^{2} *517* **61** ∴ *praef.* **N** Nec tamen ipse meretur *(ex 60) in initio versus ante* Sed probus *iteratum* **N** **61sq.** *ordo verborum:* ille ... liber *(cf.* ciuis honestus *in 53)*, quisquis uult esse satelles, amicus erit, *v. Rossb*^{8} *837* **64** hoc **N**: *‘an* hinc*?’ Vollmer (1914)* negabit *Buecheler*: -uit **N** **65** cruces **N**: -is *Baehr*^{6} *227* per artus **N**: paratus *Schenkl*^{2} *517, sed cf. Lucr. 2,282 (Rossb*^{8} *837)* **68** gerens **N**: gemens *Traube* portet **N**: perfert *Buecheler post* **68** *lacunam suspicatus est Schenkl*^{2} *517* **69** ut **N**: et *Sh. Bailey 180* celent *Buecheler*: celet **N**

⟨ut⟩ talis diues qualis mendicus amari
possit et infelix, ad crimina conscius esto.
ut teneant fauces obsessas nocte latrones
aut pelagi rabidos fluctus pirata uagetur
nec timeat ualidas sub tempestate procellas,
praeda iubet; petulans ut luxurietur adulter
et tractet de clade uiri, de morte mariti
(ultima cena datur, quam praestat adultera coniux
pocula mortifero corrumpens blanda ueneno:
cum gaudet conuiua, perit), spes crimina ducit
ad facinus, cum lucra petunt. impune libido
dum peccare cupit, uindex subducitur ⟨·····⟩
quem perimit sub fraude reus: cuicumque furori
est operae pretium, sperant sua praemia culpae.
conicitur 'cuicumque bono', quod Cassius inquit:
crimina temptentur fortisque in paupere diues
quid timet aut optet, uos saltim aduertite, ciues.
res est nulla domi, cupiat quam diues auarus,
non aurum, non gemma micans, sed turpis egestas
obsedit ieiuna fores. 'audacia forsan
pauperis horretur, ne clam temerarius exstet'.
quando fugax praesumptus erit uel debilis audax?
nam si fortis erat saeua uirtute, superbus
praemia, non ueniam peteret sub sorte reorum.
qui nihil admisit, crimen dat praua uoluntas
diuitis insonti. Furor est uoluisse necare,
pro quibus arma tulit. quid prodest pellere bellum,

70 ⟨ut⟩ *Duhn* amari **N**: -re *Sh. Bailey 180; cf. 54. 201* **71** possit *Duhn*: -et **N** ad crimina] *i. q.* cum crimina committuntur conscius] *cf. 184; Iuv. 3,49* esto *Vollmer*: esso **N**: esse *Duhn* **72** obsessas *Duhn*: -a **N** **75** iubet *Schenkl*^{2} *518*: iuuet **N** **79** crimina] *i. q.* criminosos, *cf. ThLL IV 1195,5sqq.* **81** *in fine versus add.* omnis *Duhn; 'an* aequi*?' Vollmer* **83** sperant *Buecheler*: -ans **N** **84** cuicumque] *i. q.* cui, *cf. Hofm.-Sz. 541; Fedeli ad Prop. 1,10,19* Cassius] *v. Cic. S. Rosc. 84 et Ascon. ad Cic. Mil. 32* **85** temptentur *Peiper*: temnentur **N**; *pro* temptetis *(coni. iuss.)* ... et ... aduertite **86** optet **N**: -at *Schenkl*^{2} *518* **88** set *Baehr*^{4} *268*: et **N** **90** exstet] *v. ad Orest. 324* **93** sub sorte *Baehrens*: sub hoste **N**; *cf. laud. 3,755* **94** qui *Vollmer*: quid **N**: quod *Buecheler* praua *Buecheler*: parua **N** **95** necare *ex* -ri **N**^{pc}

si reuocat post bella neces? aut pacta nefanda
hostibus obstrictus seruat, qui ciuibus instat
ut pereant, aut ipse cupit magis esse tyrannus,
ciuibus extinctis credens sua uota latere.
si iugulet miseros iniusta morte necando
suspectos quoscumque putat, nihil ergo relinquet:
omnia sunt suspecta reo. sin moribus esset
ille bonis, seruare pios, seruare modestos
debuerat sub pace sua, non colla nefandus
aut inimicorum mallet fudisse cruorem,
quorum uerba pauens diues uixisset honeste.
  sic sapiens olim Romana potentia iussit,
ne pereat Carthago nocens, inimica senatus
et populi Aeneadum: cotem uirtutis habendam.
sed ne Troiugenis per tempora pigra lacertis
torporem pax longa daret, post uicta rebellis
et consumpta simul iacuit congesta ruinis,
et tamen haec renouata micat quibus occidit armis.
haec igitur recidiua uiget post busta resurgens
Phoenicis in morem. uirtus clementia patrum:
tu testis Carthago manes inuita uolensque.
  Quod scelus est, iuuenis? socios per bella tueris
et ciues in pace necas? quid fata minaris
impia supplicibus? quid funestare triumphos
contendis post bella tuos et luctibus imples?
nec pudor est uariasse uiro? de ciue tropaeum
nemo triumphator rapuit nec in arbore cristas

97 si reuocat *Duhn*: scire uocat **N** **100** latere **N**: patere *Petschenig 564* **101** necando *Buecheler*: -os **N** **103** reo sin *Peiper* (reo ni *iam Baehr*[4] *268)*: reos ni *(vel* in*)* **N** moribus *Buecheler*: mortibus **N** **104** bonis *Schenkl 518*[2]: -os **N**: -us *Buecheler* *post* **105** *versum excidisse putavit Vollmer orsum ab* posceret*; sed per zeugma intellegendum:* non mallet colla aut cruorem inim. fudisse *(sc. pro* 'colla deiecisse', *cf. ThLL VI 1,1569,70sqq. et infra vv. 146. 246sq.); de constructione* sin ... esset ..., ... mallet *cf. Stat. silv. 5,1,60sq.; vide et Val. Fl. 5,568sq.* **106** inimicorum *ex* inimice cum **N**[pc] **109** ne *Duhn*: nec **N** **116** *nota prosodiam* Phoenĭcis **118** Excessus *in marg. adscr.* **N** Quod] *littera* Q ἐν ἐκθέσει *posita* per *Baehrens*: in *(ex 119)* **N**

erexit quicumque cruci suspendit. imago
uestra, caput ciuis, manes mereatur et umbras?
uirtutis uestrae circumdent funera testem
et fortis simulacra uiri ciuile cadauer
polluat ac putres effundant ossa medullas?
uictoris genio sanie cum tabe litetur?
quaere sacerdotem: ueniet crudelis Erictho.
haec est apta tuis antistita saeuior aris,
quae calidas rapiat fibras pulmonis anheli,
sorbeat ereptum uel morsibus illa cruentis
uel uiuente iecur uel cor, cum palpitat, intret
dentibus obscaenis, lingua lambente palatum
prostrati ciuis. haec sint tua munera, uictor?
hostia talis eat, talis tibi uictima pergat?
sit tua terribilis Phalaris ceu taurus imago?
Taurica crudelis mitis tamen ara Dianae
nec Busiris atrox Aegyptius ille cruentus,
solus enim per templa deum sine morte propinqui
sacra peregrinus funestat et aduena tantum,
illaesus nam ciuis erat. tu uictor inique es,
Sardorum qui sacra probas et moenia foedas
lauro cincta tua, uestris ornata coronis.
insula delubris natorum colla secabat,
uerticis unde comam uera pietate parentes
illaesa ceruice metunt. Carthago duorum
annua nobilium praestabat funera templis

124 *post* erexit quic. c i u i s *(*cruci *Buecheler) cum librarius aberravisset ad 125* c i u i s, *perrexit scribere* man. mer. et umbras *(quae verba postea expunxit)* suspendit imago **125** uestra] Virtutis *(ex 126, postea expunct.).* Vestra *(ex* uestrę, *cf. 126)* **N** **127** fortis *Buecheler*: por- **N** **130** Erictho] erícto *(in marg.* allécto*)* **N** **131** antistita *Duhn*: antistia **N** **133** sorbeat ereptum] *cf. Orest. 145* **134** Vel^1 **N**: Ex *Peiper* **137** eat ... pergat] *cf. 10,162sq. (*it ... ueniunt ... pergunt*)* pergat *Rossb^2 475*: parcat **N**: *vix* spargat *(sc.* sanguinem*); cf. Orest. 720 (*eat ... uictima*)* **138** ceu taurus *Buecheler*: centaurus **N** **142** funestat et *Duhn*: funestet **N** **143** erat *Buecheler*: eras **N** inique es *Baehrens*: inique **N***; cf. 7,127; 4,19. 38* **144** moenia] *cf. 293; non* muros, *sed* munia *(i. q.* munera *quae militibus dantur), v. ThLL VIII 1643,48sqq.; 1645,14sqq.; 1663,6sqq. 79sqq.*

Saturnoque seni pueros mactabat ad aras;
tristia plangentum foedabant ora parentum.
hoc uir fortis agis? rapientur uiscera matri
et perit ante oculos genitoris pignus amatum
aut populo spectante cadet? cum Troia periret,
filius Aeacidis uel uindex Pyrrhus Achillis
ante oculos Priami percussit morte Politen
belli iure furens. tamen ultio digna relata est:
ipse Neoptolemus iacuit percussus ad aras.
qualiter en pietas se uindicat, impie uictor!
quid matris patriae uenerandam polluis arcem?
in qua templa sedent, ubi numina saepe precati
fleximus, ut sospes rediens et uictor in armis
captiuos post bella trahens ex uulnere lassos
intrares patriam, ne saeuus uinceret hostis,
qui scandens muros ciues laniaret in urbe.
hoc matres puerique rogant, hoc ipsa senectus,
uirginitas hoc casta petit, hoc pauper adorat.

AT INQVIES: SED PAVPER INIMICVS INSIDIANTER POTVIT DE MORTE DIVITIS COGITARE

Si potuit, uoluisse puta. nam uita potentis
non patet insidiis nisi diuitis atque propinqui
aut certe, si sceptra uigent, sub regis auari
imperio. fortem timidus formidat et horret,
non fortis lassum timuit nec diues egentem.
debilis est pauper nudus mendicus egenus,
quem macies suprema tenet, quem frangit egestas:
unde necem potuit pauper tractare potentis?

152 ∴ *praef.* **N** matri *Duhn*: tr **N** **156** morte *Baehr*[4] *269*: nocte **N**; *R. Jakobi confert 5,256* (prostrauit morte puellam)*; Riesenweber lectorem delegat ad OLD 1135 s. v.* mors *5b et insuper affert Sen. Tro 1156 (cf. HO 519)* **159** en pietas *Vollmer*: impietas *(sed* en *litteris* im- *ssc.)* **N** **163** ex *Baehr*[4] *269*: et **N** *ante* **168** Questio At inquies sed … potuit | De … cogitare **N**[2], *sed vide ad 9,37. 78* **168** Si] *littera* S ἐν ἐκθέσει *posita* **169** patet *Baehr*[4] *269 (coll. Orest. 192)*: iacet **N** **172** timuit **N**: metuit *Duhn; cf. 178* **173** est *Rossb*[1] *6*: et **N**

solus abit pauper nec se circumspicit unquam
nec timet insidias semper bene conscius insons;
sollicitus multos metuit quem turba ueretur:
circumdant famuli, plures stipantur amici,
diuitis obsequio concurrit turba clientum;
sic iter aptatur uel transitus ille paratur,
audeat ut nullus hoc praetereunte uenire.

AT INQVIES: SED POTEST VENENVM PAVPER DIVITI
SECRETA OBREPTIONE SVPPONERE

Taetra uenena neci pretio maiore parantur
et munus secreta fouet; quis conscius umquam
incorruptus erit, qui non sit forte redemptus,
quantum diues habet, quantum nec pauper habebit?
　adde quod infelix pauper nec nocte propinquat
diuitis ad tectum; nam mox pro fure tenetur,
nocturnus grassator erit, ferietur inermis
et prostratus inops armabitur ense cruento,
ut gladium strinxisse putes in fata potentis
diuitis ante fores. medicos aut forte ministros
sollicitare potest audax sub nocte silenti,
qui sub luce fugit? pauidos informat egestas;
diuitiae uires praestant animosque resumunt,
paupertas conferre metus, adferre pauorem
[sue]uit et in miseros semper stimulare potentes.

178 timuit *(expunct.)* metuit **N** **181** ille **N**: inde *Baehrens; cf. Ov. met. 15,469 (Rossb*[9] *67)* *ante* **183** Questio At inquies sed ... Pauper | Diuiti ... supponere **N**[2], *sed vide ad 168* **183** Taetra] *littera* T ἐν ἐκθέσει *posita* **184** quis *Buecheler*: qui **N** **185** qui *Buecheler*: quisquis **N**: quis *Vollmer* forte **N**: sorte *Buecheler* redemptus] *sc.* tanto quantum d. habet **186** quantum ... quantum **N**: quantam ... quantam *(sc.* sortem*) Buecheler* **191** potentis *Duhn*: pet- **N** **197** ∴ *praef.* **N** [sue]uit *Rossb*[1] *6 (cf. laud. 3,458)*: uit **N** *(post lacunam trium litt.)*: [no]uit *Duhn (coll. 9,7)* *post* **197** *lacunam indicavit Duhn; nil deesse nisi titulum novae quaestionis putavit Vollmer, qui suppl.* ⟨Quaestio ...⟩, *obloquitur Diaz 159sq. (coll. vv. 89–90sqq. et [vix recte] 95–96sqq.); v. notam sequentem*

Forsitan obicias: 'urbis defensor habetur;
non opus est laedatur', ais. nec laedat honestos,
in commune bonus totos defendat et ornet,
erigat oppressos, mediocris pauper ametur.
non ideo bellum tota uirtute peregit,
ut liceat ciui ciues impune necare.
fortior est diues iuuenis, magis inde timendus.
diuitiae ⟨fortes⟩ semper fecere tyrannos:
hinc Marius, hinc Sylla ferus, hinc Cinna cruentus,
inde fuit Caesar, dominatio prima senatus.
nam domitor Libyae, bellorum Scipio fulmen,
fortis adultus adhuc totos qui uicit Hiberos
Hannibalisque trucem fregit per bella furorem
ac populatorem Romanae gentis adegit
sorbere mortiferum ceu pocula blanda uenenum
et caput infaustum legatus uexit ad urbem,
Minturnas depulsus obit. pius inde Camillus
missus in exilium; nec Romula tecta uideret,
ni satis offerret, uictor licet exul ab urbe,
cum Romanorum Gallis uexilla tulisset;
exul et extorris meruit de clade triumphum.
mentibus ingenuis semper pro lege tenete:
solliciti ueniam debent sperare potentes,
securi ne regna petant. das otia seruo:
mox liber uult esse suus. iam nemo quietus
diuitis insidiis durabit paupere caeso.

198 Forsitan] *littera* F *non* ἐν ἐκθέσει *posita (v. ad 1. 53. 118. 168. 183, al.)* Forsitan obicias] *cf. Orest. 931; Faust. Rei. spir. 1,10 (p. 119,19sq.)* **200** bonus **N**: -os *Buecheler, sed cf. Lucan. 2,390; Ennod. carm. 2,2,5* **202** tota *(ex 200?)* **N**: *an* tanta? **205** ∴ *praef.* **N** ⟨fortes⟩ *Vollmer,* ⟨nimiae⟩ *Duhn* **208** ∴ *praef.* **N** domitor *Duhn*: dominator **N**; *cf. Buech*^{2} *349sq.* **212** sorbĕre] *cf.* mulgĕre *in 8,414; v. Leumann 544* **213sq.** *hic errat poeta; cf. Oros. 4,20,29* **216** licet *Duhn*: lice **N** **220** potentes *Duhn*: parentes **N** **223** durabit *Duhn*: duraiit **N**

AT INQVIES: SED LEGI PARENDVM EST, QVAE SANXIT VT VIR FORTIS OPTET PRAEMIVM QVOD VOLET

Si leges tractare placet, ueniatur ad illas.
'accipiat quodcumque uelit uir fortis et optet.'
hoc cupit et pauper, pro uoto diuitis instat,
ut maneat lex lata rogat. uenialis imago
aut ualet aut certe ⟨est⟩ simulacrum lege perempta.
interea non aera micent, non marmora surgant
nec sub lege pia fortis noua praemia quaerat,
quae damnat mox sponte sua. non submouet umquam
legis cauta furor, quam dant pro laude triumphi.
instar habent hostis quos sanctio nulla coercet;
condemnat solus ciuilia iura tyrannus.
    nonne triumphantis legem si forte superbus
temneret aut parui pendens quicumque negaret,
sacrilegus temerator iners inimicus et hostis
publicus ille foret? legum secreta tribunal
iam quateret strepitu iuuenis, fora nostra creparent,
ipse cicatrices subducta fronte recentes
pectoris effossi populo monstraret et urbi,
'uirtutis laesae grauis est iniuria Marti'
clamaret per templa Iouis, per templa Mineruae,
'nemo aciem subeat, nullus prorumpat in hostem'
diceret, infremerent omnes uno agmine ciues.
    pauperis, o proceres, languentia colla sinetis
carnificis truncare manum? non arma tubasque
tollitis et saltem ciuilia bella mouetis?

ante **224** Questio At inquies sed ... ut | Vir ... uolet **N**^{2}, *sed vide ad 168* VOLET] *'an* VELIT*?' Deufert (coll. 225)* **224** Si] *littera* S ἐν ἐκθέσει *posita* **225** uelit *ex* uolet **N**^{pc} **228** certe ⟨est⟩ *Baehrens; cf. Prop. 2,32,46; Ov. met. 13,387* **229** interea] *conclusive, cf. ThLL VII 1,2183,23sqq.* surgant *Duhn*: -unt **N** **231** damnat **N**: -et *Sh. Bailey 182* **232** ∴ *praef.* **N** légis **N** *post* **232** *lacunam indic. Baehrens* **233** quos **N**: quem *Baehrens* **236** parui pendens] *cf. laud. 2,226* negaret *Baehrens*: putaret **N** **240** subducta fronte **N**: obducta fr. *Petschenig 564, sed cf. Hom. Il. 17,136 (van Dam ad Stat. silv. 2,5,15); Apul. met. 9,21,3* **242** Marti *Duhn*: -tis **N** **243** clamaret *Duhn*: -re **N** **245** diceret *Duhn*: -rent **N** **247** manum *Duhn*: -nu **N**

quid, plebs nostra, taces? diues praeiudicat urbi
et pariter tua iura negat; praescriptio surgit,
quae populo uitam libertatemque negabit.
non gemitis, non fletis adhuc, non arma paratis?
laudis erit, fateor, pro libertate perire:
nam pro Verginia cum plebs arderet in ira
montis Auentini tenuit Romana cacumen,
cum pater egregiam prostrauit morte puellam
impietate pius, ne Claudius esset adulter.
nec populus liber capto de monte rediret,
plebs nisi sumpsisset cum libertate triumphum.
Vidimus, o ciues, fugientis pauperis ora
cum manibus quaesisset opem sine uoce rogantis.
diximus 'hostis adest. ueniat uir fortis et adsit,
cuius inops simulacra tenet, cui crura lacertis
cinxit et ad plantas prostratus plangit egenus
belligerum ceu numen habens.' dum pronus adhaeret,
diuitis optata praesentia turbida rostris
apparet. conclamat inops 'succurrite, ciues!
ciuis adest uiolentus atrox mea fata requirens,
quem nihil offendi, nisi quod sum pauper honestus.
ecce triumphalis, metuendum, dextera, ferrum
id quod in hostiles iugulos ex urbe tulisti,
in patria reuocare uelis? ne uiscera matris
transadigas gladio, laceres ne membra parentis,
quae te palmiferis docuit concurrere telis.
parce, precor, ferrata manus: ciuilia colla
ne ferias, quae mucro tuus defendit ab hoste.
sit pudor atque nefas extinguere proelia campo
et mortes transferre foro.' lamenta minora
credimus auditu: dolor est spectare cadentem,
funera siue oculis uiuum uidisse cadauer

250 negat *Duhn*: necat **N** **254** ℞ *praef.* **N** Verginia *Duhn*: uergonia **N** **260** Epilogi *in marg. adscr.* **N** Vidimus] *littera* V ἐν ἐκθέσει *posita* **262** hostis **N**: hostia *Baehrens; cf. 58* **268** ciuis **N**: diues *Duhn, sed cf. 287* **272** patria **N**: -am *Haupt (cf. 4)* **274** concurrere *Duhn*: concurre **N**; *cf. Verg. georg. 1,489; Claud. carm. min. 22,8* **280** siue *Duhn*: sine **N**

cum gemit et moriens tremibundos palpitat artus.
mugitus quos ille dabit per moenia pauper,
cum uulgo spectante cadet, cum membra cruore
perfundat moribunda, solo cum mordet harenam!
anguibus implicitum credas Laoconta gementem.
sic decet ut fortis lassos, ut diues egentes,
ciues ciuis ames? aut sic defenditur insons?
Si uocem simulacra darent, tua signa rogassent
et dolor ista daret deflendis uerba querelis:
'dic, iuuenis diues, patriae dic fortis amator:
si pauper reus est, tua quid peccauit imago,
uirtutis monumenta tuae? quid testis honorum
temnitur et patriae foedantur moenia nostrae?'
haec simulacrorum uox est; Patriaeque gementis
audi uerba tuae: 'merito te laeta creaui,
infantem gremio tenui, simul ubera paruo
urbs mater tremibunda dedi cunabula praestans,
quem praetextatum iaculis proludere iussi:
impubes iam fortis eras, inuictus adultus
et iuuenis uictor. sed ne fraudatus abires
fortunae quocumque bono, largitur honores,
diuitias confert, tribuit per bella triumphos.
et pro tot meritis instas orbare parentem
pignore percusso, cui nil fortuna bonorum
contulit iniusto censens moderamine fatum?
si ratio te nulla mouet, si mente cruenta
humana pietate cares, imitare leones,
quos feritas generosa iuuat: super arma tenentes
ingruere fremitusque dare procul ore cruento
nobilis ira solet, subiectis parcere gaudent
et praedam rabies contempsit fulua iacentem.

281 palpitat artus] *cf. 10,244; Orest. 728 (Lucan. 6,754)* **284** perfundat **N**: -det *Baehrens* **288** rogassent **N**: -arent *Duhn* **293** moenia **N**: munera *Sh. Bailey 182, sed v. ad 144* **304** nil *Duhn*: nihil **N** **306** mouet *Buecheler*: fouet **N**; *cf. Claud. 17,228* **308** ∴ *praef.* **N** super arma tenentes *Buecheler*: superba temnentes **N**; *cf. 8,351sq.; Coripp. Ioh. 6,426* **311** fulua] *cf. Orest. 796*

gramina non tangunt, feriunt sed fulmina quercus.
numquam taurus iners lassa ceruice Tonanti
uictima fessa datur, sed iam quis grandia surgunt
ingentes per colla tori, quos fronte superba
pascua cornigeros armant in bella iuuencos.
hostia uictorem funestat languida, pauper
si mactatus erit. sed sint tua sacra coronae,
sint hederae lauri quercus et palma triumphi,
sint clipei galeae contus lorica tropaeum.
    accipe tura potens deus ut Tirynthius aris,
⟨ut⟩ Thebis partus, magnus cum Castore Pollux,
semidei post fata uigent: his quintus adesto
uirtutis ratione fide pietate uigore
possessure polos, scandens qua lacteus axis
uertitur, aetherii qua se dat circulus orbis
lunarisque globus qua uoluitur axe tepenti
aut certe qua Phoebus agit super astra iugales:
sidera sic capies, poteris sic astra mereri'.

312 gramina] *cf. satisf. 277* **315** quos *Buecheler*: quis **N** **316** ∴ *praef.* **N** armant *Duhn*: -at **N** *(cf. 8,418sq.)* **317** funestat *Buecheler*: -sta **N** **322** ∴ *praef.* **N** ⟨ut⟩ Thebis *(sc. Bacchus) Buecheler*: Tedi **N** **323** quintus **N** **326** aetherij *(ex -*ei*)* **N**^{pc} se dat *Duhn*: sedat **N**: candet *Rossb*^{2} *476 (coll. Manil. 1,802 ['fortasse sufficit* se dat*' Housman ad loc.])* **328** qua *Duhn*: quae **N** **329** poteris ... astra *Duhn*: posteris ... castra **N** *post* **329** *hanc subscriptionem exhibet* **N**: Exp. Controuersia statuae uiri fortis, quam dixit | in Gurgulianis *(*Gargil- *Duhn)* thermis Blossius emilius | Dracontius uir clarissimus et togatus | Fori proconsulis armae *(*almae *Duhn)* Karthaginis | apud proconsulem Pacidegium *(*-deium *Duhn)*

VI

EPITHALAMIVM IN FRATRIBVS DICTVM

EGREGII iuuenes, [o] gloria summa parentum,
foedus amicitiae, solamen grande clientum,
dulcia cantatis dum uotis carmina uestris,
facundos uos fecit amor: Venus, alma potestas,
Delphica flammipotens inuasit templa Cupido.
tempora iam lauro uel myrto cingite frontes
et uiolis ornate comas, dent alba coronas
lilia mixta rosis: candor pallorque ruborque
crinibus insidat qui uernat in ore puellis,
floribus ambrosiis sponsalia serta ligentur.
saltet Apollineum Musis cantantibus agmen,
laurea serta comis imponat pulchra Dione,
Pallados armisonae crinem praecingat oliua,
arma ferat Martis, quibus et proludere nostis
et bellum, si tempus eget, perferre ualetis.
interius uos Musa Venus Phoebusque Cupido
et Bromius possedit Hymen! Mars saltat amores
et Venerem placare cupit, cui militat omnis
marcidus et nudis ludit post arma lacertis
ac furibundus Amor Veneris per castra triumphat:
in praedam uenere dei uincente Dione.
    Ergo, Venus, te, docta, uoco, facunda perita,
per sensus te funde meos; tua gaudia feruent:
sponte uenire decet, non te decet ire rogatam.

tit. *ordinale* VI. *in initio lineae posuit* **N** *(ut vid.); postea* Epithalamium *suppl. manus tertia, quae Angeli Mai putatur; v. subscriptionem* **1** [o] gloria *(cf. Iuv. 10,159) Baehr*[4] *269*: [et] gl. *Duhn*: [uos] gl. *Rossb*[1] *6; lacuna duarum fere litterarum in* **N** *et sign.* ∴ *ante versum* **4sq.** Venus … Cupido] *per figuram intellegendum: inspirationis auctoribus Apollini et Musis (cf. 11) se addiderunt Venus et Cupido (cf. 12. 16)* **4** facundos … amor] *cf. Ov. met. 6,469* *post* **4** *aliquid de Venere cum Musis consociata excidisse suspicatus est Deufert* **5** inuasit *Duhn*: inausit **N**; *cf. laud. 3,497 (*inuasit thalamos*)* **13** ∴ *praef.* **N** armisonae crinem *Duhn*: amis- crimen **N** **14** ferat] *sc.* Pallas **22** uoco *Buecheler*: duco *(ex* -ca*)* **N**[pc] **24** rogatam *Buecheler*: -tum **N**; *cf. 10,27*

sufficiant tibi uota, Venus (praecordia dura
mollis adire soles, nolentibus ire per artus
et mentes intrare senum uenasque leuare
ignibus et gelidas calidis reparare fauillas,
ut ueteranus amet senior ceu nuper adultus):
non ego lasciuos opto mihi crescere sensus,
sed precor aspergant nostrum tua carmina pectus,
ut ualeam cantare tuos per uota triumphos
et mixtis saltare choris, cantare choreas.
Publica magnifice per moenia uota geruntur:
quas dedit una domus, domus excipit una sorores,
quorum umbone tegor uel quorum munere uiuo:
post uarios casus, post tot discrimina uitae
porrexere piam placido pro tegmine dextram
et, quod maius erat, laeso tribuere salutem
fortunamque mihi reducem pietate nouarunt.
quisquis adest sapiens scholasticus atque peritus
accurrit laudare uolens, cantare paratus:
quantum ego festinem laudes et carmina ferre
pro meritis animisque uirum? 'puer alme Cupido,
ignea progenies et rerum perpes origo,
huc ades armatus fluidis post terga pharetris,
imbue pinnatis, precor, oscula blanda sagittis,
morsibus alternis ut lambens lingua palatum
tergat et udentur suspensis dentibus ora.
sponsa maritales cognoscat utra⟨que⟩ uapores
et sponsos sic iungat amor quasi corpore in uno
brachia uirgineis adnectens stricta lacertis.

31 carmina **N**: flamina *Schenkl*[2] *518*: numina *Baehrens, sed cf. 7,1 (*carminis ... ebrius*); Prop. 2,10,25* **34** geruntur *Baehrens*: -antur **N**; *cf. 10,288. 449* **39** laeso *Baehr*[4] *269*: -si **N** **41** *nota prosodiam* schōlasticus **42** *inter* uolens *et* cantare *inser.* et carmina ferre *(postea expunctum)* **N** **43** *in initio versus (ante* Quanto *[sic]* ... ferre*) legitur hemistichium* Pro ... uirum, *quod eradi coeptum in sequenti versu suo loco iteravit* **N** quantum *Giarratano 13*: -to **N**: quin *Buecheler* **47** Inbue *Buecheler*: indue **N**; *cf. 112; 7,39; Hor. carm. 1,13,16* **50** ŭtrā⟨que⟩ *Baehr*[4] *269, Haupt*: utra **N**; *de nom. sing.* ŭtrāque *cf. Auson. 13,103,2 Green; Paul. Pell. euch. 539* **51** sponsos *Baehrens*: -so **N** iungat] *sc.* eis *(*uirginibus*)*

has matronali societ de more cateruae
blanditus sub fraude dolor, sub uulnere casto
seruatumque diu rapiat hac nocte pudorem
et poenae sit merces amor, pia pignora, nati.'
uix ea fatus eram, subito uenit aliger ignis
ore micans ac fronte minax et crine coruscans,
impubes lasciuus, erat cui castra uoluptas.
ibat in obsequium Risus, Amplexibus haerens
iusta Libido coit, uenit et moderata Voluptas,
candida legitimas accendens Gratia taedas
occurrit, uenit alma Fides, Petulantia simplex,
casta Pudicitia procedit mente quieta,
Sobrietas per cuncta uigil deuota cucurrit
et quidquid iustos solite comitatur amores.
Liber pampineis ornatus fronte corymbis
intrat et uuiferos uibrat super agmina thyrsos;
Pan calamis perflare melos Bacchaeque rotari
Sileno saltante placent populosque mouere
in fescenninos fremitus et gaudia mentis.
Adfuit interea Cypris; subuecta columbis
apparet de parte poli, qua flammeus axis
uoluitur australis collustrans cardinis oras:
florea purpureas retinebant frena columbas
et rosa blandifluas rutilans nectebat habenas,
lilia sunt inserta rosis iuga pulchra uolucrum;
uerbere purpureo Cypris iubet ire iugales,
remigat ammotis pinnarum plausibus ales.
moenia respexit Carthaginis alma Cythere,
'illo', dixit, 'aues, conuertite mando uolatus:
Victoris suboles felici sorte iugantur.

55 rapiat hac *Buecheler*: -ant ac **N** **56** *nota prosodiam* mercĕs **57sq.** ignis *(acc.)* ore micans] *cf. Hos. Geta Med. 336* (oculis micat ... ignem*); Sen. Phae 380 et ThLL VIII 932,24sqq.* **59** erat **N**: erant *Baehrens* castra] *cf. 20; Ov. am. 1,9,2* **60** Risus] *syll. clausa producitur in arsi (in caesura), v. ad 5,35* Amplexibus] *cf. 10,162* **62** accendens *Duhn*: acced- **N** **63** occurrit **N**: acc- *Baehrens* **69** rotari *Buecheler*: po- **N**; *cf. 10,283* **75sqq.**] *cf. 10,156sqq.* **78** uerbere ... iugales] *Rossb^2 (476) conferri iubet Stat. Ach. 1,58*

illic pura fides, illic prudentia simplex,
coniugis in gremio pietas, sine fraude uoluntas;
non ibi liuor edax, non est elata potestas,
priuato sub more gerens sua iura modeste
quae mercede sua multos coniunxit egentes:
haec inopes dotare solet uel pascere egenos,
legibus et nostris nudas uestire puellas.'
dixerat haec Cytherea parens; iam tecta subibant
Idaliae uolucres: occurrunt Gaudia cuncta
obsequium latura deae; tamen ore modesto
anxia sola procul thalamo florente relicto
Virginitas pudibunda fugit raptumque pauescens
fletibus ora rigat; quae non reditura recedit.
At Venus attingens urbem petit antra mariti
Neptunique domos intrauit Maximianas:
illic turba fremit matrum iuuenumque pudica
et matronali sponsas cinxere corona,
pompa cateruarum felix uotiua canebat;
progenies crementa domus Victoris honesta
suscipit et nuribus natos iunxere parentes:
{Victorianus enim et Rufinianus}
lege maritali ueniunt sub iura Dionae.
tunc Venus ad sponsas intrans hac uoce profatur:
'crescite fecundis gaudentes lusibus ambae;
nocte tamen properante uiris certate modeste,
sed hoc certamen modico luctamine constet:
acrior est puer ille meus, dum temnitur, et plus
urit amoriferis certantia membra sagittis.'

87 quae *Buecheler*: qui **N** **89** leg. et nostris] *cf. 104* **94** raptumque *Baehrens:* gratum- **N**; *cf. 7,51–54; 10,303sq.* **99** matronalis (s *exp.*) **N**; *cf. Lucr. 2,606* (cinxere corona) **103** ℞ *praef.* **N** *versum prorsus ametron pro glossa habendum vidit Bureau (2006, n. 20)* Victorianus **N**: -inianus *Duhn coll. tit. carminis AL 254 R*^{2} *(= 248 SB)* enim ⟨fratres⟩ et *Baehrens (cf. 114 et subscriptionem),* Rufinianus ⟨uterque⟩ *Schenkl*^{2} *511*^{5} **105** hac **N**: haec *Baehr*^{4} *269; cf. 8,260. 327. 372* (uoce profatur); *Iuvenc. 4,752* (tali cum uoce) **107** modeste] *cf. 92* **108** luctamine *Baehr*^{4} *269, Haupt*: certamine **N**: conamine *Buecheler; cf. Ov. am. 1,2,9; AL 742,76 R*^{2} **109** acrior *Duhn*: atrior **N**; *cf. Ov. am. 1,2,17*

dixerat et puerum genetrix implere pharetras
imperat. ille libens imbutas melle sagittas
misit et ambarum sensus transfixit arundo,
corda ferit iuuenum ueniens et pectora fratrum,
quorum uota sonant: longa est lux ipsa diei,
et cupiunt transire diem; succedere noctem
exoptant paribus uotis spatiumque morarum
lucis adoptatae transire in tempora noctis.
    pergitur ad thalamos, conuiuia laeta celebrant,
agmina saltantum miscentur lusibus aptis. –
pignora pulchra micent et talia uota celebrent,
floribus et uestris crescat generata propago.

111 dixerat *Duhn*: dixit **N** **112** sagittas *Buecheler*: sagaci **N** **115** uota sonant] *i. q.* preces audiuntur **117** morarum **N**: moratum *Baehrens* **118** lucis adoptatae] *sc.* Lunae *(cf. 10,149); intellege: 'spatium temporis, quo Luna lucem adoptivam moratur ostendere, noctis temporibus adnumeretur'* *post* **122** *ordinale* VII. *posuerat* **N**; *'rubricator' (ut dici possit)* **N**[2] *supplevit in linea supra num.* VII.: Exp. Epithalamium in fratribus dictum, *in linea autem infra num.* VII. *titulum novae carminis:* Epithalamium Ioannis et vitulae

VII

EPITHALAMIVM IOANNIS ET VITVLAE

CARMINIS Idalii cuperem nunc ebrius esse
nobilium thalamis Fabiani sanguinis index.
quod mihi ṣi felix hodie fortuna dedisset,
non inhonorus eram, sed laude redemptus adirem
(uel recreatus agens, si non tamen ipse renatus)
emerito referens generosas auspice laudes
et Vitulae canerem taedas per uota Ioannis.
laurea serta comis religans et tempora myrto
prodere gestirem haec quae nunc per uota geruntur:
cantarem, quia Cypris adest, bona mater Amorum
(agmine mollifluo ducit sua pompa choreas),
⟨Idaliusque puer · ⟩
impubes lasciuus, atrox uiolentus, amoenus,
lis pacis tacitusque loquax, fur garrulus audax,
nudus et armatus, ferus et pius, improbus insons,
et quod amoriferum secum huc duxisse uolucrem.
uulgarem, quia tela gerit quibus auctor Achillis
arserat Aeacides Nymphae radiatus amore;
spicula dixissem, quibus arsit Apollo disertus
cum peteret Daphnen, Liber quibus arserat Indus,
candida Dictaeae cum cerneret ora puellae,
uel quibus, ipse furor, Mars est accensus amore,
Vesticolae niueos peteret cum uirginis artus,

4 adirem *Rossb^{2} 476 (qui perperam hoc verbum cum* eram *i. e.* dominam *coniunxit)*: abirem **N** **5** uel recreatus *Vollmer* : uer recr. *Duhn*: uere creatus **N** si *Buecheler*: sed *(ex v. 4)* **N** *post* **8** *versum excidisse censuit Duhn* **9** haec *del. Baehrens, sed intellege* haec per uota **11** ducit *Zw.*: ducens **N** *post* **11** *lacunam unius versus ab* Idaliusque puer *incipientis indicavit Zw.* **15** huc *Baehr^{4} 269*: hunc **N** duxisse *Duhn*: di- **N**: uexisse *(*armaque *pro* et quod *ponens) Baehrens* **17** arserat *Duhn*: asserit **N**: arserit *Vollmer, sed cf. 18. 19. 21* radiatus] *cf. Lucan. 7,214* **19** Daphnen] -em **N** **20** cerneret *Duhn*: -at **N** **21** amore *Duhn*: -are **N**

ut daret aeternum Romana in saecla Quirinum
et post fata deos faceret super astra senatum.
Sed quia captiuo fas non est dicere carmen
nec reticere licet festiuo in tempore uati,
ista canant pueri, qui carmine uera loquentur;
plausibus insultent et tympana rauca puellae
percutiant palmis, digitis sub arundine uentos
dispensent hinc inde melos perflante labello
et quatiant dulces Museo pectine chordas
et uocis textura sonet neruique loquaces.
Bybliades Satyris iungant Nymphisque Hymenaeus,
et Dryades passim socient per prata Napaeis,
Oreadas Fauni iungant et Naidas Amnes,
et Bacchis copuletur Amor per castra Dionae;
saltet et imparibus calamis Pan corniger intrans,
ebrius interea nutet Silenus asello.
oscula nectantur calamis imbuta rosatis
et neruo cantante sonet noua murmura lingua,
morsibus alternis suspenso dente fruantur.
42 Gratia uernantes annectat pulchra colores,
44 floribus ex uariis texat per prata coronas
45 lilia mixta rosis socians uiolasque hyacinthis;
43 casta Pudicitia stricto placitura marito
46 purpuret et niteat gemmae pallente rubore
Sardoasque iuuet rosulis Sitifensibus herbas.
sic puer Idalius permiscet mella uenenis,

24 deos ... senatum **N**: deum ... senatus *Schenkl*[2] *518* **27** qui *Buecheler*: quia **N** **29** uentos *Buecheler*: -us **N** **30** labello *Baehrens*: fla- **N**; *cf. Nemes. ecl. 1,4* **33** iungant] *i. q.* se iungant Hymenaeus *Rossb*[7] *45*: -os **N**; *cf. 36 (Amor)* **34** socient *(i. q.* se soc.*) Baehrens*: cohibent **N**: coeant *Duhn* **35** Fauni *Zw.*: -is **N** Amnes *Buecheler*: omnes **N** **36** *nota prosodiam* cŏpuletur **38** ebrius ... asello] *cf. Ov. ars 1,543* **40** cantante *Buecheler*: candente *(*n *priore exp.)* **N**: gaudente *Brakman 25*: cedente *Vollmer; cf. 32 (nerui lyrae sonare perseverant, sed pro uocis textura nunc audiuntur sonitus osculandi); 10,265; 1,2* **42** colores *Schenkl*[2] *518*: dol- **N**; *cf. mens. 9* **43** *post v.* **45** *traiecit Schenkl*[2] *518* **47** ∴ *praef.* **N** iuuet rosulis *Peiper*: iubet poscülis **N**; *cf. laud. 1,717; 2,450* siti fënsibus **N** herbas *Buech*[2] *348 et Peiper*: -is **N** **48** mella *Buecheler*: bella **N**; *cf. 2,110*

sic rosa miscetur spinis, medicina cerastis
perficitur stimulisque fauos apis alma tuetur:
sic pia uirginitas non tollitur ante, pudoris
unguibus infensis quam uulnerat ora mariti
et prior ante sui uindex est ipsa cruoris,
ut discat sacras fecundo uulnere flammas.
sic fiunt dulces modo pignora blanda parentes,
et genus humanum sic stat sub lege perenni.
tot bona proueniant sponsis quot dextra parentum
iungit amoriferis per festa iugalia palmis.
cana Fides Pietasque iugent et casta Voluptas
brachia constringat celeres uisura nepotes.
pronuba Iuno uenit fecunda sorte maritans
lanigera comitante dea per uota Minerua,
concordesque simul celebrant pia sacra Dionae.
ista canant iuuenes, hoc cantent carmen adultae
et simplex aetas, pueri teneraeque puellae,
cantitet hoc ueteranus amor, reuerenda senectus
cantet: amator erit qui non cantarit amores;
nescit enim senibus ueniam donare Cupido.
Ast ego, qui nequeo captus mea plectra mouere
carmine sollicito, dederant quia carmina clades,
et modo sic positus, Cythereae cantibus absens,
sollicitus tabidus temerarius, anxius audax:
– ut uacat expositis post proelia miles ab armis,
saucius atque gemens quo languida uulnera curet,
classica si subitis feriant clangoribus aures,
it dolor, ira redit, ceu iam sit plaga cicatrix,

53 prior ante] *cf. Iuvenc. 2,306* **54** discat **N**: ducat *Buecheler, sed cf. 6,50; 10,63; Claud. 22,74* **58** iungit] *i. q.* se iungit; *cf. 33 et Rossb*[7] *45sq.* **59** iugent *Duhn*: iungēt **N** **60** constringat *Baehrens*: -ant **N** celeres **N**: celebres *Rossb*[2] *476; cf. Catull. 61,204 (211)* breui **61** fecunda *Buecheler*: se- **N**; *cf. Ven. Fort. Mart. 4,186* **62** lanigera] *cf. 9,57* **63** celebrant *Galli Milić*: -ent **N** **66** cantitet *Buecheler*: cantilet *(Apul. flor. 3 p. 15)* **N**; *cf. 1,2* **69** nequeo captus *Buecheler*: neque hoc aptus **N** plectra *Duhn*: -ta **N** *post* **70** *versum excidisse censet Schenkl*[2] *518* **71** Cythereae *Duhn*: -ea **N** **72** tăbidus **N**: pauidus *Duhn; cf. 74* (languida) *et 4,31* (tăbescens, *item Aldh. enigm. 1,4)* **73** ut *Duhn*: et **N** **75** si *Buecheler*: his **N**

redditur et saniem sistit furor arma reposcens
(fit medicina furor, furor et uox tessera Martis
et dare iam membris discit tuba rauca salutem);
– aut uelut acer equus circi iuga ferre dicatus,
orbita cornipedo sequitur quem ducta uolatu,
si, fretus propria leuitate, fauoris alumnus
plus eat in frenos et concitus axe sonoro
pulueris in nubem radiatis orbibus actas
accipiat post crura rotas et corruat ictus,
mox studium calor omnis abit plangente dolore,
aduersa plaudente manu, stabulisque refertur:
hinnitus si forte sonent strepitusque rotarum
et fauor excussus caueis circensibus ingens,
eleuat elisum: directis auribus audax
erecta ceruice caput tremibundus et artus
pensat nec stabulum fessis hinnitibus implet
(iam qua stat pluitur tellus sudore furoris),
uulnera despiciens absentibus ora lupatis
ingerit et uacuos dat post praesepia cursus;
– aut auis insidiis curuato uimine clausa,
quae cantu mulcere solet sub uoce canora
arboreum per cuncta nemus durosque labores
agricolum, silet intus habens captiua dolorem,
libertatis amans auras nemorumque cacumen,
et tacet omne melos retinens sub uoce silenti:
altera si resonet modulatis cantibus ales,
ingenuos dat capta sonos quasi libera uernans,
ut credatur auis ramo cecinisse uirenti,
illa tamen querulas miscet male garrula uoces –:

77 redditur *Buecheler*: redi- **N** **78** et *Vollmer*: est **N** tessera *Duhn*: -ara **N** **80** iuga f. dicatus] *cf. Paul. Nol. carm. 25,47 (Luceri)* **81** cornipedo *(hapax leg.)* **N**: -dum *Peiper; cf. Amm. 14,2,2* (quadripedo gradu*)* **82** leuitate *Buecheler*: uoluntate **N**; *cf. Coripp. Ioh. 8,617sq.* **84** radiatis *Duhn*: -us **N** **85** corruat ictus *Duhn*: cornua ictüs *(℞ in marg. dextr. adscr.)* **N**; *cf. Lucan. 7,622* **86** calor *(cf. 2,1)* omnis abit *Buecheler*: dolor omnis habet **N** dolore **N**: colore *(i. factione) Rossb[1] 7* **87** aduersa *Duhn*: -so **N** **95** praesepia *Baehrens*: presentia **N** **101** retinens *Buecheler*: -cens **N** **105** illa] *vi evanida* miscet] *sc. auis capta cantibus suis* querulas immiscet … uoces

sic ego captiuus tot festis plausibus actus
carmina pauca feram delectis ipse duobus
ex genere amborum, qui me modulante canentur:
pontifices sacri Statulenius Optatianus
moribus innocuis, sancta pietate modesti,
religione pii, castis altaribus apti,
quorum cana fides per sacra palatia pollens
floruit (unus erat Latialis mysticus aulae,
alter apud Danaos sacrata mente dicatus);
quorum sanguis adest, quos omina fausta iuuabunt:
ex hac progenie iunctis et gente togata
coniugio tali speremus numina nasci!

nam mihi quod teneor non ⟨tam⟩ dolor alter acerbus
quam quod apud tales obliuio longa moratur
nominis inclusi. sed si me claustra fatigant
temporis immodici, nec uos impune tacetis:
⟨poena⟩ est non leuior uobis quatiente pudore,
quod licet exiguum tamen inter iura poetam
temnitis immemores facunda mente peritum.
quid prodest seruasse hominem post tanta pericla
et clausum liquisse diu sub clade salutis?
non male peccaui nec rex iratus inique est,
sed mala mens hominis, quae detulit ore maligno,
et male suggessit tunc et mea facta grauauit.
poscere quem ueniam decuit, male suscitat iras
et dominum regemque pium saeuire coegit.
nam deus omnipotens compunget corda regentis,
quando iubet pietate sua ueniamque relaxat.

109 Optatianus *(vel* Octauianus*) Duhn*: Optauianus **N**; *v. Kajanto, Latin cognomina (1965) 296* **110** innocuis **N**: -cui *Gil 163; cf. Orest. 481* **115** omina *Buecheler*: omnia **N** **116** togata *Buecheler*: -ti **N**; *cf. Verg. Aen. 1,282* **118** teneor] *sc.* inclusus; *cf. 120; Ov. epist. 14,3* ⟨tam⟩ *Baehr*[4] *269*, ⟨est⟩ *Duhn* acerbus *Duhn*: -uus **N** **122** ⟨poena⟩ *Buecheler* **124** peritum *Zw.*: -ti **N** **125** post **N**: per *Baehrens* **127** non male] *cf. laud. 3,611* (nimis); *Ov. ars 2,408* **129** tunc] *cf. laud. 2,586; Orest. 742* facta *Duhn*: fata **N** **132** compunget **N**: -git *Buecheler* **133** iubet **N**: lubet *Ellis 257; intellege:* iubet relaxatque ueniam

at cum liber ero domino ignoscente reductus,
dum tacet os uestrum nec nos sermone iuuatis,
nomina uestra reor praeconia nulla manebunt.
    Sed ne maesta canens concludat carmen amoris,
post haec uota parens quid sit factura Dione,
murmuret os tacitum, Carales cum coeperit iri:
Aeolias petet illa domos aditura tyrannum,
ut frenet uentos et caerula marmora tendat,
mollior aura means tantum bona flamina mittat,
ut ratis incolumis Sardorum litora tangat.
nec negat haec Eolus Veneri sua iura roganti.
Cypris in ornatu ueniens freta glauca uagatur,
cum pelagi Nymphis ibunt Tritones alumni
Nereidum spumante choro Phorcique clientes
gurgitis aequorei pisces immania cete
et quaecumque latens surget de fluctibus imis
belua terribilis summas gestire per undas;
inter quas delphine sedens Galatea minaci
Neptunum perfundet aquis: rorante fluento
ille caput barba quatiet ridente Dione.
at uolucer Veneris uolitans super aequora pinnis
iam spargens sub fraude rosas tamen igne sagittas
mandat ad aequoreos comites et frigida ponti
aequora flammat atrox, elementa ut uota celebrent.
    Haec dixisse sat est; sed quae modo iure tacemus,
omnia reddemus quandoque nepotibus almis.

134 *post* **131** *transp. Schenkl*^{2} *518sq., parenthesi versuum 132sq. facta* **137** ne *Duhn*: nec **N** **142** flamina *Baehr*^{4} *269*: flu- **N**; *cf. laud. 1,707* **146** Tritones **N**: -is *Buecheler* **149** et *Duhn*: at **N** surget *Buecheler*: -it **N** **150** belua *Duhn*: bella **N** gestire] *cf. 8,408; laud. 2,164* **153** barbā *(abl.)* quatiet *Zw. duce Rossb*^{1} *7sq., qui* barbam quatiet *coniecerat*: barbamque ciët **N** **155** igne sagittas] *abl. materiae pro* ex igne s., *cf. Kühn.-Stegm. I 394, Hofm.-Sz. 107* **158** quae *Buecheler*: qui **N** *post* **159** Exp. Epithalamium | Ioannis et | Vitulae *subscr.* **N**^{2} *(sequuntur paginae quinque vacuae)*

VIII

DE RAPTV HELENAE

TROIANI praedonis iter raptumque Lacaenae
et pastorale scelerati pectoris ausum
aggrediar meliore uia. nam prodimus hostem
hospitis et thalami populantem iura mariti,
foedera coniugii, consortia blanda pudoris,
materiem generis, subolis spem, pignora prolis
(nam totum de matre uenit, de matre creatur
quod membratur homo; pater est fons auctor origo,
sed nihil est ⟨sine⟩ matre pater: quota portio patris
omnis constat homo? matris fit tota propago).
Ergo nefas Paridis, quod raptor gessit adulter,
ut monitus narrare queam, te, grandis Homere –
mollia blandifluo delibas uerba palato,
quisquis in Aonio descendit fonte poeta,
te numen uult esse suum; nec dico Camenae
te praesente 'ueni': sat erit mihi sensus Homeri,
qui post fata uiget, qui duxit ad arma Pelasgos
Pergama Dardanidum uindex in bella lacessens,
et qui Troianos inuasit nocte poeta
armatos dum clausit equo, qui moenia Troiae
perculit et Priamum Pyrrho feriente necauit:
numina uestra uocans, quidquid contempsit uterque
scribere Musagenes, hoc uilis colligo uates
(reliquias praedae uulpes sperare leonum
laudis habent: meruisse cibos, quos pasta recusant
uiscera, quos rabies iam non ieiuna remisit,
exsultant praedamque putant nuda ossa ferentes).

dracontij opus de raptu helenae **N** **1** Lacaenae *Ian.*: -ceae **N** **2** pastorale **N**: -em *Ian.* **3** meliore uia] *cf. Verg. georg. 3,8sq.; Nemes. Cyneg. 63* **9** ⟨sine⟩ *Duhn, Baehr[3] 69 (om.* **N***)* **10** matris *Zw.*: mater **N** **12** narrare *Ian.*: narrarem **N** te **N**: tu *Ian.* **13** delibas *Zw. (-es Ian.)*: delimas **N** **16** praesente *Ian.*: -ti **N** **20** armatos *Buech[1] 477*: -to **N** **23** *nota prosodiam* Musăgenes colligo *Ian.*: -leg- **N** **24–27** *parenthesin fecit Zw.*

Attica uox te, sancte, fouet, te lingua Latina
commendat: uulgate, precor, quae causa nocentem
fecit Alexandrum, raptu ⟨ut⟩ spoliaret Amyclas.
Caelicolum praetor iam sederat arbiter Idae:
iam gremium caespes, iam surgens herbida tellus
pascua et aetherium fuerant herbosa tribunal;
soluerat Iliacus caeli uadimonia pastor
et litem facit ipse suam: laudata recedit
contempta Iunone Venus; tunc uirgo decora
uicta dolet, nam tristis abit: heu nescia mens est,
quae mala circumstent ausum dare iura Mineruae!
iudicis Idaei pretio sententia fertur
damnaturque Paris; nec solus pastor habetur
ex hac lite reus: damnantur morte parentes,
damnantur fratres, et quisquis in urbe propinquus
aut cognatus erat, cunctos mors explicat una.
atque utinam infelix urbs tantum morte periret!
damnantur gentes, damnatur Graecia sollers
heu magnis uiduanda uiris: orbatur Eous
Memnone belligero, damnatur Thessalus heros
et Telamone satus, pereunt duo fulmina belli.
pro matris thalamo poenas dependit Achilles,
unde haec causa fuit; forsan Telamonius Aiax
sternitur inuictus, quod mater reddita non est
Hesione Priamo: sic est data causa rapinae,
cur gentes cecidere simul, cum sexus uterque
concidit, infanti nullus post bella pepercit.
sic dolor exsurgit diuum, sic ira polorum

30 raptu ⟨ut⟩ spoliaret *Duhn*: raptu spoliare *(-et Vollmer)* **N**; *de synal. cf. 10,359; Orest. 577; satisf. 305 al.* **31** praetor **N**: pastor *Buecheler, Ribbeck 461* Idae *Ian.*: idem **N**: Ida *Buecheler; cf. 39. 221; Stat. Ach. 1,67* **33** pascua *Baehr*[4] *269*: stabat **N**; *cf. 61. 407; Ov. met. 2,689* (herbosaque pascua*)* **34** Iliacus *Ian.*: -cas **N** **35** et **N**: set *Ribbeck 469* **36** decora **N**: -re *Peiper; cf. laud. 1,384; Ov. met. 2,773* **37** abit *Ian.*: abijt **N** **38** dare iura] *pro* superbe dare iura *(*dura*), cf. Prop. 3,11,46; 4,11,18* **42** in urbe *Duhn*: in morte **N**: sorte *Baehr*[3] *69, Ribbeck 461; cf. 44* (utinam ... urbs tantum*)* **44** *ad* urbs *in marg. glossam* Troia *adscr.* **N** **49** dependit *Ian.*: -pon- **N** **52** Hesione *Ian.*: Esto ne **N** **53** Cur **N**: Qua *Zw.*

saeuit et errantes talis uindicta coercet?
compellunt audere uirum fata, impia fata,
quae flecti quandoque negant, quibus obuia numquam
res quaecumque uenit, quis semita nulla negatur,
obuia dum ueniunt, quibus omnia clausa patescunt.
  Iam grex horretur, fontes casa pascua siluae
flumina rura pigent nec fistula dulcis amatur;
non placet Oenone, sed iam prope turpis habetur,
ex quo pulchra Venus talem promisit in Ida,
qualis nuda fuit: talem iam pastor anhelat.
sordent arua uiro post iurgia tanta dearum,
Pergama sola placent et moenia quaerere Troiae
mens et fata iubent. monitus Paris omnia norat
blandita nutrice puer, quo sanguine cretus,
qui genus, unde domus; rapiensque crepundia pastor
Troianum carpebat iter. uix uiderat arcem
lassus, et intactae procumbunt culmina turris,
ingemit et tellus, muri pars certa repente
concidit et Scaeae iacuerunt limina portae;
tunc Simois siccauit aquas, crystallina Xanthi
fluminis unda rubet, sudat pastore propinquo
Palladium uel sponte cadunt simulacra Mineruae.
  forte dies sollemnis erat, quo Pergama rector
infelix Priamus post Herculis arma nouarat:
annua persoluens ingratis munera diuis
Laomedontiades capitolia celsa petebat
reddere uota Ioui, laturus sacra Mineruae.
ad dextram genitoris erat fortissimus Hector,
Troilus ad laeuam pariter comitante Polite;

57 fata imp. **N**: facta imp. *Rossb*[1] *8 (coll. Verg. Aen. 4,596); sed cf. Sen. Oed 1046* **59** negatur *Zw.*: tenetur **N**: tuetur *Bücheler*: *'fort.* uetatur*' Baehrens* **62** amatur *Ian.*: arm- **N** **63** Oenone sed *Duhn, Baehr*[3] *69*: oenones **N** **66** sordent ... uiro] *cf. Stat. Theb. 10,837* iurgia *Ian.*: urigia **N** **69** blandita] *cf. 10,127; Orest. 328* **73** certa **N**: uersa *Schenkl*[2] *519*: celsa *Rossb*[1] *9, Zingerle*[1] *52*[2] *(~ Zingerle*[2] *60), sed cf. laud. 1,162 (ThLL III 906,48sq.)* **74** limina *Ian.*: lum- **N**; *cf. Verg. Aen. 3,351* **79** nouarat *Buech*[1] *477*: nouerat **N** **83** dextram (x *in ras.*) **N** **84** pariter *Zw.*: pauido **N**; *cf. 631sqq.*

cetera natorum turba stipata subibat.
reginam interea natarum turba coronat
et nuribus comitata uenit pia uota ministrans:
rex Helenum sequitur, Cassandrae mater adhaeret.
dum pergunt et templa petunt, prorumpit in agmen
pastor et attonitos elata uoce salutat:
'sis felix, princeps, omnes saluete sodales
aut fratres, ut uera feram: tu fortior Hector,
culmen et urbis apex, tu uiribus indolis alme
Troile: frater ego, fratrem cognoscite uestrum.
germanus sum uester ego Priamique propago,
Hecuba mi genitrix, abdicor crimine nullo:
paruus Alexander pastor nutritus in Ida.
nec pastor sit uile, Phryges: ego iurgia diuum
compressi, nam lite caret me iudice caelum.
si credis, germana manus (nec cetera regis
conscia corda negant nec mater pignus abhorret),
noscite depositi uel certa crepundia fratris'.
dixerat et testes generis proiecit in arce.
uera fides, pietas quatiunt mox corda parentum,
admissumque nefas generosa mente fatetur
fusus in ora rubor. Paridis mox colla lacertis
alligat et natum fletu gaudentis inundat
conuictusque pater ueniam de prole rogabat.
obstupuere omnes. mater gauisa recurrit
(dat celeres pietas gressus quos denegat aetas),
mox iuuenem complexa tenet: per colla per ora
oscula diffundunt et lambere membra parentes
insistunt iuuenis certatim, sed pius ardor

85 stipata subibat *Baehr[3] 69, Ribbeck 461*: -atus abibat **N** **93** tu *Ribbeck 470*: et **N** uiribus indolis] *cf. Claud. carm. 7,43 (*cruda teneras exercuit indole uires*)* alme *Baehr[6] 229 (cf. 2,50. 53. 133; 6,44)*: almae **N** **94** Troile ... uestrum] *cf. Ov. met. 3,230* **96** *nota prosodiam* abdīcor **97** nutritus *Ribbeck 461, Duhn*: -tur **N**; *cf. 321; Hor. ars 118; Iuv. 3,117* **99** nam **N**: iam *Peiper* **100** si **N**: ni *Vollmer* **102** fratris *Buech[1] 477*: -es **N** **104** uera **N**: uerba *Ribbeck 464, sed cf. Lucan. 7,726; Claud. carm. 18,371; Phoc. carm. de Verg. 52* mox *Ian.*: mors **N** **106** Paridis *Ian.*: pallidis **N** **108** rogabat *Ian.*: neg- **N**; *cf. 2,49* **112sq.** parentes ... iuuenis *Buech[1] 477*: -tis ... -nes **N**

adfectus dispensat agens, alternat utrimque
et uicibus cara Paridis ceruice fruuntur.
    Nuntius interea totam compleuerat urbem;
fama uolat per templa deum, quod pastor ab Ida
se uelit ostendi regni de stirpe creatum.
tunc Helenus uates templum dimisit et aram
et procul exclamat: ‘pater impie, pessima mater,
quid pietas crudelis agit, quid perditis urbem?
haec est illa tuo fax, mater, prodita somno,
quae simul incendet Troiam regnumque parentum
in sortem dabit illa nurus. coniurat in arma
Graecia tota dolens raptum punire Lacaenae,
litora nostra petent Danai cum mille carinis,
Dorica castra fremunt, iam Pergama uexat Achilles,
iam pugnant Danai, iam cernimus Hectora tractum,
Troile, iam per bella furis, iam sterneris audax
ante annos, animose puer, uirtute proteruus.
sed quid fata ueto, quid fixos arceo casus,
cum nihil aduersis prosit prudentia signis?
me fortuna potens exspectat Pyrrhus et ingens’.
    dum loquitur, Cassandra uenit furibunda sacerdos
et matrem complexa canit: ‘quid, mater iniqua,
quid, pater infelix, quid funera nostra paratis?
immemor heu pietas: uni pia mater haberis
pastoremque foues, sed multis impia constas
regibus, Hectoreum supplex emptura cadauer
per montes per saxa datum; nec uenditur Hector
integer et lacerum retines pro pignore corpus

114 agens *Duhn*: agnes **N**; *cf. Arator act. 1,814 (*affectum pietatis agunt*)* **114sq.** alternat ... fruuntur] *cf. Stat. Theb. 12,387sq.* **114** utrimque *Ian.*: utrique **N**; *cf. Stat. Theb. 6,675; Sil. 9,354sq.* **118** se uelit ... creatum] *cf. Verg. Aen. 1,626* ostendi *Ian.*: -dit **N** regni **N**: regum *Baehr*[3] *69, sed cf. 288* **124** illa] *abundans, cf. Orest. 409; Verg. Aen. 1,3* **125** dolens] *i. q.* irata **126** petent **N**: *'an* petunt*?' Riesenweber* **130** animose *Duhn, Baehr*[3] *70*: animos et **N** **131sq.** *habet* ***flor. Ver.*** *(fol. 8*[r] *1,17)* **133** exspectat Pyrrhus et ingens *Ian.*: et P. ingens expectat **N**; *cf. Hor. carm. 3,6,35* **141** et **N**: en *Baehr*[3] *70* retines *Baehr*[3] *70 (i. q.* tenes *vel* tenebis; *an i. q.* accipies *[cf. 9,140]?)*: -net **N**: rediet *Buech*[1] *477*

funeris Hectorei pretio maiore redemptum.
me stuprum per templa manet, me pessimus Aiax
inuadet pereunte domo. iam Troia crematur,
sed flammis, rex, ipse cares; iamque Hecuba latrat,
Astyanax Danais muro iactatur ab alto.
sic praestat Bellona nurum, gener ipse Tonantis
Idaeus sic pastor erit capietque triumphum,
sed post ipse cadet. ueniet mox Pyrrhus ad arma,
qui scindat muros, qui damnet Pergama flammis,
qui Priamum gladio feruens obtruncet ad aras.
sed quid uana cano? iam consocer esse Tonantis
uult genitor patriamque premit natosque nefandus
odit et Andromachen quaerit uiduare marito.
Troile, quid cessas? quid parcis, fortior Hector?
uos repetunt mortes, in uos mala fata feruntur,
uos petit Aeacides, saeuum uos fulmen Achilles
amputat, insontes poenam raptoris habetis.
    prouida non credor. uos saltem surgite, ciues,
rumpite complexus, quos dant per colla parentes
infausto iuueni, muris depellite fratrem!
⟨hic⟩ hostis quem fata canunt, qui mortibus urbem
congeret et Priamum faciet non esse sepultum.
pectore Cisseo rapiatur pignus acerbum
macteturque nefas et Pergama nostra pientur,
placetur Iuno, placetur uirgo Minerua,
sacrilegi de morte Iouem placate tonantem,
cuius postponens Vulcani laudat amorem.
urbibus in multis mos est donare Salutem
mortibus insontum, sed uos mactate nocentem,
ut liceat seruare pios. augere dolores
ut resecet medicina solet membrisque salutem

147 praestat *Ian.*: perestat **N** **148** Idaeus *Ian.*: idens **N** **151** feruens **N**: 'feriens *cl. v. 21 Lohmeyer' Usener; sed cf. laud. 3,368; Coripp. Ioh. 5,483* **152** quid ... esse *Ian.*: qui ... esset **N** **153** uult *Ian.*: uulti **N** **154** odit *Ian.*: obit **N** **162** ⟨hic⟩ *Buech[1] 477* **166** placetur[1] *Ian.*: -itur **N** **167** placate *Ian.*: -cete **N** **172** resecet **N**: releuet *Buech[1] 477; cf. Quint. decl. 316,11* (recidunt*)*

membrorum de parte dabit; nam corporis aegri
fit iactura salus, et uires passio praestat
quas auferre solet. hoc ⟨uos⟩ assumite fratres,
hoc ciues audite mei, laudate parentes:
dicite pastorem gladio pietatis obire,
fraterno mucrone cadat. si forte profanus
hunc feriet quicumque reum, sit in urbe sacerdos:
cedo; loco si forte meo pius esse recusat,
pontifices Helenus Laocon, sacrata potestas,
cedent oranti uel mysticus exstat uterque'.
    dum canit infelix gemitus Cassandra futuros,
uisus adest cunctis Phrygibus Thymbraeus Apollo,
qui mercede carens conclusit Pergama muro
et genus ingratum poenas persoluat auari
exoptat (stupuere Phryges, tacet ipsa sacerdos);
effatur: 'quid uirgo canit? cur inuidus alter
exclamat? Helenus deterret Pergama uerbis?
pellere pastorem patriis de sedibus umquam
fata uetant, quae magna parant. stant iussa deorum:
magnanimum Aeacidem solus prosternet Achillem.
Troianos regnare placet, qua solis habenae
ostendunt tolluntque diem, qua uertitur axis
frigidus et zona flammatur sole corusco.
Troianis dabitur totus possessio mundus,
tempore nec paruo Troum regnabit origo.
fata manent, conscripta semel sunt uerba Tonantis,
imperium sine fine dabit. cohibete furorem.
mortali diuum periet quo iudice iudex?

174 salus *Ian.*: solus **N** **175** hoc ⟨uos⟩ *Duhn*: ⟨uos⟩ hoc *Ian.*: hoc ⟨hoc⟩ *Peiper* **176** hoc ... mei] *cf. 5,22* **177** dicite **N**: ducite *Buech[1] 477, sed cf. satisf. 307 (ThLL V 1,987,32sqq.)* **178** profanus *Ian.*: -mus **N** **180** esse recusat *Ian.*: esset recusasat **N** **182** cedent *Ian.*: ced et **N**: cedit et *Kuijper 75* uel mysticus *Ian.*: uelamysticus **N** exstat **N**: extet *Ian. (v. ad Orest. 324)* cedent ... uterque] *sc.* cedent *nouo sacerdoti orationes deferenti* uel *(cum sacrificat)* mysticus *(i. q. minister)* exstat uterque **183** gemitus *Ian.*: gen- **N** **184** Thymbraeus *Ian.*: -rens **N** **186** auari] *sc. Laomedontis; cf. 9,224; Ov. met. 11,208* **187** ipsa *Ian.*: ipse **N**; *cf. 134; Orest. 513* **187sq.** *de distinctione cf. 232sq.; 10,243* **197** regnabit *Ian.*: -bi **N**

nec hoc fata sinunt. pudor est uoluisse nocere
et non posse tamen. pigeat, iam nemo minetur,
quem Clotho {quem} Lachesis, quem uindicat Atropos urgens.
scindite pellitas niueo de pectore uestes,
murice Serrano rutilans hunc purpura uelet.
nec pudeat, quod pauit oues: ego pastor Apollo
ipse fui domibusque canens pecus omne coegi,
cum procul a uilla fumantia tecta uiderem;
Alcestim sub nocte pauens deus ubera pressi,
Admetus intrantes haedos numerabat et agnos'.
dixerat, et Phoebum Priamus summissus adorat
et grates securus agit, tacet optimus Hector.
  Iam regno non impar erat, sed sceptra tiaram
imperium trabeas iam post caeleste tribunal
totum uile putat, solam cupit addere famam
maiorum titulis, uiuaces quaerere laudes,
ut celet quod pastor erat. uix uiderat aulam
regis, et Iliacas quaerit per litora puppes;
Aegaeum sulcare fretum iam mente parabat.
sic pater alloquitur iuuenem sermone uerendo:
'nate, redux pietatis amor, bonus arbiter Idae,
dic, ubi uis armare rates, ubi carbasa tendis.
nusquam bella paro, regnum sub pace guberno.
sed si torpor iners pudor est et turpe uacare
credis, Alexander, certe legatus adesto
et Telamona ducem conuentum exposce sororem
Hesionen mox, nate, meam: captiua tenetur
me regnante soror. dum Dorica regna peragras,

202 iam nemo] *de distinct. cf. 5,222; Mar. Victor aleth. 3,271* **203** {quem} Lachesis *Peiper; cf. Homer. 891; CE 1141,13* urgens *Rossb*^{2} *477 (Claud. rapt. Pros. 1,218)*: ingens **N** **205** rutilans *Ian.*: rutu- **N** **207–209** pecus … coegi, … ubera pressi] *cf. Verg. ecl. 6,85; 1,82; Aen. 3,642* **209** Alcestim *(vel* -in*) Zw.*: -am **N** *(ThLL I 1514,32sq., loci incerti)* **210** haedos n. et agnos] *cf. Verg. ecl. 3,34* *ante* **213** *lacunam statuit Duhn, sed cf. 61 (versibus 213–218 versus 61–71 variantur)* **213** *nota prosodiam* impăr tiaram *Ian.*: -ra **N** **217** celet *Ian.*: cele **N** **223** bella *Ian.*: -o **N** **226** Telamona *Ian.*: tal- **N** conuentum *Buecheler*: -tam **N** **227** Hesionen] Esionem **N**

dat Venus uxorem, faciet te diua maritum'.
tunc iuuenis gauisus ait 'paremus ouantes,
optime Troiugenum, nihil est quod iussa recusem.'
laetatur senior tali moderamine nati;
effatur 'tua uota, Paris, di iusta secundent,
hoc tantum supplex genitor rex, nate, precatur:
Iliacos proceres tres tecum pergere saltem
imperio concede meo (ueneranda senectus
praecipitem frenat monitis per cuncta iuuentam):
egregios comites praestem, tria lumina gentis
Hectore praelato, cui tota potentia cedit:
Antenor, Polydamas erunt iuuenisque Diones
Aeneas cognatus adest'. sic fatus, et omnes
ut ueniant rex ipse iubet properante ministro.
cum ducibus redit ipse uolans ad tecta satelles
regia; cognoscunt proceres quo uela parantur.
    nec mora, conscendunt puppes et litora linquunt.
Dardana iam Tenedon classis transibat, Abydon
et Seston dimisit aquis curuasque Maleas;
iam Salamina uident Telamonia regna petentes.
ut portum tetigere rates, mox ancora mordet
litus et umentes ferrum pertundit harenas.
puppibus annexis terram Troiana iuuentus
et proceres petiere simul, sed regis ad aulam
linquentes mox litus eunt. quos suscipit heros

229 te diua *Zw. (coll. Hor. carm. 1,3,1)*: te uno *(ex* une*)* **N**: teque una *Ian.* **232sq.** laetatur ... effatur **N**: -tus ... eff. *Duhn, Baehr*[3] *70, sed cf. 609. 188; 10,338* **233** uota ... iusta] *cf. Paul. Petric. Mart. 4,112* **237** frenat **N**: -et *Schenkl*[2] *519* **238** tria *Baehrens*: tua **N** **240** Diones *Rossb*[8] *840 (coll. 366; 10,422)*: -e **N** **241** sic fatus, et] *sexies in Stat. Theb.* **243** redit *Ian.*: -di **N** ipse **N**: ille *Ribbeck 467* **244** uela *Buecheler, Baehr*[3] *70*: bella **N**; *cf. 223* **246** iam Tenedon classis *Ian.*: tenedon iam classis **N** Abydon *Ian.*: ahdon **N** **247** dimisit aquis] *sc.* Abydon et Seston curuasque Maleas *post se relictas in potestatem dedit fluctuum valde saevientium cum procellosi in faucibus Hellesponti tum apud promonturium Maleae (vix recte ThLL V 1,1216,62 'i. q.* praeternauigare*')* aquis *Ian.*: aqius **N** curuasque *Ian.*: uouasque **N**: scaeuasque *Brakman*[2] *276; cf. Ov. am. 2,16,24; Sen. Med 149* **250** umentes *Rossb*[1] *10*: inuentas **N**; *cf. Auson. 16,53 Green; Paul. Petric. Mart. 6,385*

hospitio Telamon. ramos frondentis oliuae
portantes ad tecta ducis sub imagine pacis
non pacem, sed bella gerunt; nam dicta ferebant,
quae possent armare uirum, nisi iura uetarent
hospitii, quae nemo parat uiolare modestus.
    rege salutato postquam legatio Troiae
sedit, et Antenor placida sic uoce profatur:
'Troiugenas proceres et regis pignus ad aulam,
rex Telamon, uenisse tuam quae causa coegit,
insinuare decet: {et} si iusseris ipse, loquentur
consortes nunc ore meo uel regia proles.
Dardanides Priamus, gentis reparator et urbis,
quam uestras populasse manus meminisse fatemur,
iussit ab Iliaco delectos pergere regno
ad tua regna, potens, germanam regis ut, heros,
bellorum quam iure tenes, in pace refundas:
posceris Hesionen. iacet ingens Troia fauillis
excidii compressa sui, nec Pergama ductor
surrexisse putat, nisi iam, rex magne, sororem
reddideris regi, quae nunc captiua tenetur.
turpe ducis seruire genus crimenque putatur,
si non bella dabunt regi quod bella tulerunt.
si pax hoc optata negat, pro rege rogaris:
te repetisse puta Priamo retinente sororem:
non dolor armaret, si non daret ille rogatus?
quod peteris, Telamon, scelus est et fama pudoris;
nascitur inuidia, Priamo regnante sororem
Graiugenis seruire suam; liuor malus inde

256 ferebant *Baehrens* (ger- *Ribbeck 465*): teneb- **N**; *cf. 299; Verg. Aen. 11,330; Stat. Theb. 12,681* **259** salutato] sol- **N**; *cf. Stat. Ach. 1,57* **259sq.** postquam ..., et] *v. Hofm.-Sz. 482* **262** Telamon *Ian.*: tal- **N** **263** {et} si *Ian.* **268** potens **N**: petens *Baehr*^{3} *70, Schenkl*^{2} *519, sed cf. 346* heros *Ian.*: heios **N** **270** posceris *Duhn*: posteris **N** *(ut vid.)* Hesionen] -em **N** **272** nisi iã *(si iã in ras.)* **N** **276** si **N**: sed *Vollmer* pro *Ian.*: por **N** **278** ille *Ian.*: illi **N** **279** et ... pudoris **N**: est ... pud. *'(fort.* pudori*)' Ribbeck 470* **281** liuor malus] *cf. Sil. 11,610; Mart. 10,33,6*

proditur: "Iliacas potuit reparare ruinas"
murmur erit Phrygibus, "consortem sanguinis unam
non ualuit" dicent "rector de rege mereri".'
 dixerat. at Telamon mentes armabat in iras;
nam pietas affectus amor concordia proles
accendunt motus in pectore fellis amari.
conubium regni, thalami consortia casti
scindere poscebant, et, quod mens nulla tulisset,
Aiacis haec mater erat! sic incipit ore
turbidus Aeacides iusta succensus in ira:
'si pudor Iliacis aut mentibus esset honestas,
excidium Troiae si pectora uicta dolerent,
Herculeos comites Priami gens, praeda Pelasgum,
non magis auderent in bella lacessere Graios
semideum post bella ducum, quibus Ilios ingens
uicta iacet. placuitne Phrygis periuria gentis
soluere uos iterum? sic dudum parua luistis
supplicia? Priamo, Troes, mea dicta referte:
uictori quis uictus ait "te bella gerente
me maneat uirtutis honos, me praeda sequatur,
praemia me laudis, me praemia cuncta triumphi
expectent, sterili uictor sed laude potitus
et ieiunus eat"? quis regi quisue marito
uel misero sic ausus ait cum uoce proterua
"conubium rescinde tuum, rumpatur honesto
foedere iuncta domus, thalami damnentur amantum,
festiuas extingue faces"? quis uicit, ut istud
audiat Aeacides, patriam qui perculit hostis?
quando tamen uictor uicti sub lege tenetur?

282 Proditur *(i. q. 'nascitur' vel 'prouenit') vel* Pascitur *Ribbeck 465*: Creditur **N**; *cf. ThLL X 2,1627,42sqq. ('edendo creare', 'efficere')* **284** mereri *Ian.*: meieri **N** **287** accendunt *Ian.*: acced- **N**; *cf. Orest. 616* **291** iusta ... in ira **N**: iustas ... in iras *Baehr*[5] *852, sed cf. 5,254 (Rossb*[8] *841)* **293** uicta dolerent *Ian.*: iucta dolorent **N** **298** sic *Ribbeck 466*: si **N** **305** misero *Ian.*: misericois **N** cum *Duhn*: tum **N**: tam *Ribbeck 465, Baehr*[4] *270; cf. Iuvenc. 4,752; Alc. Avit. carm. 4,374* **307** damnentur *Ian.*: -etur *(*e *in ras.)* **N** **308** quis **N**: qui *Buech*[1] *477* **309** Aeacides *Baehrens*: alcides **N** perculit hostis *Ian.*: -lis hosti **N**; *cf. Orest. 191*

si Priami recidiua domus manet illa tyranni
post ignes reparata meos, si pendit amorem
germanae rex ipse suae, pro dote sorori
uel regni pars iusta detur, ne uindicet Aiax
quod matri donasset auus, si Troia maneret.
temporibus soceri senuit si Graia iuuentus,
quam nostis per bella, Phryges: successit in armis
bellipotens ducibus cunctis optata propago:
est mihi bellipotens non uilis pignoris Aiax;
eminet et quaerit, de qua iam gente triumphet;
Thessalus Emathia fratris nutritus Achilles
emicat et toruos exercet in arma biformes
Patroclo populante simul Centaurica lustra;
Tydides Sthenelusque fremunt Aiaxque secundus;
Nestoris Antilochus, Palamedes Teucer Vlixes
exultant quod Troia redit, quod Pergama surgunt'.
  tunc Polydamas ait submissa uoce profatus:
'belliger armipotens, animarum iudicis heres,
rex cui de nostris est gloria summa ruinis,
temperet inuidia, frangat dolor, ira quiescat.
captiuam repetit, reginam frater honorat,
nos et adoramus. non sic, si Troia maneret,
nuberet Hesione: regnum captiua meretur,
fit felix de sorte mala, fit praeda potestas,
imperium de clade tenet, diadema tiaram
qui tulit ipse dedit. quae sit gens Dardana, rector,
exhinc nosce, precor: nescit seruire subacta,
quam melius regnare decet; haec imperat Argis,

314 dĕtur] *cf. 9,81. 226* **315sq.** maneret temporibus soceri] *non post* maneret, *sed post* soceri *interp. Ribbeck 471, qui Telamona censet pergere interrogare:* senuit sic *(Buecheler,* si **N***)* Gr. iuuentus? **316** temporibus] *i. q.* a temporibus *vel* post tempora, *cf. Kühn.–Stegm. I 356; Hofm.–Sz. 148* **317** nostis *Vollmer*: nostris **N** successit **N**: succrescit *Rossb*[1] *11* **321** Thessalus *Ian.*: Thass- **N** fratris] *sc.* fratris mei filius *(*Achilles*)* **322** exercet in arma] *cf. Avien. orb. terr. 1239 (de Achille Centauros lacessente v. Stat. Ach. 1,152sqq.)* **324** Tydides ... secundus] *cf. Stat. Ach. 1,469. 501* **326** surgunt *Ian.*: -ant **N** **330** temperet ... frangat] *intransitive, cf. Rossb*[7] *46* **333** meretur *Ian.*: meie- **N**

per quos uicta perit; dominam sibi Graecia uictrix,
non famulam quaesiuit ouans. miranda per orbem
mens generosa ducis, quae non uult regna grauare,
cum ruerint uirtute tua: releuare iacentes
et reges regnare iubes regesque creare,
dum possent seruire tibi. sors cassa duelli
te moderante uacat nec possunt bella nocere
te uincente, potens. quis nolit uictus in armis
sorte tua post bella capi? qui uicerit hostis,
seruiet, et uicti melius te praesule regnant'.
  haec legatus ait. regis iam corda tepescunt,
quae fuerant accensa nimis. sic magna leonis
ira fremit, cum lata procul uenabula cernens
uenantis crispare manu iam uerbera caudae
cruribus incutiens spargit per colla per armos
erecta ceruice iubas, iam tenditur altus
dentibus illisis et pectus grande remugit
(flumina tunc resonant, montes et lustra resultant):
ast ubi uenator reiecta cuspide sollers
sponte cadit pronusque iacet, perit ira leonis
turpe putans, non dente suo si praeda iacebit
(temnit praedo cibos, quos non facit ipse cadauer,
ignoscens feritate pia, ueniale minatus
uenator si cesset iners): sic rector Achiuus
frangitur et Phrygibus conuiuia laeta parari
per septem iubet ipse dies. Cythereus et Aiax
colloquium commune tenent, duo fulmina belli;
regis Alexandrum iuuenem regina Pelasgum

342 uirtute *Buecheler, Baehr^3 70*: uritur **N** **344** seruire *Ian.*: -ite **N** **346** potens] *cf. 268* **347** uicerit *Ian.*: cicerit **N**; *cf. 5,8* **350–363** *cf. satisf. 137–147; Romul. 5,307–311; Luck ad Ov. trist. 3,5,33sq. (cum 352sqq. conferas Catull. 63,81sqq.)* **351sq.** lata ... manu] *pro* sublata, *ut vid.; cf. 5,308 (*arma tenentes*); fort. subaudias Verg. Aen. 1,313; 4,131* **352** crispare] *cf. satisf. 139* manu **N**: -um *Ian.* **353** cruribus *Peiper*: naribus **N**; *cf. gest. Apoll. 508 (MGH Poet. 2 p. 498)* cruribus ... submiserat ... caudam **360** *(= satisf. 143)* praedo N^{pc} *(ex* -da*)* **361** minatus *Rossberg 72 (ad Orest. 617)*: uenatus **N**; *cf. laud. 2,496; satisf. 121* **362** achiuus (u *altera in ras.)* **N**: -um *Peiper*

Hesione complexa fouet, germana parentis:
uultibus in Paridis Priami laudatur imago.
Octauo ueniente die iam sidera Phoebus
elatis condebat equis, iam cuncta rubebant
oceano nudante rotas stridentibus undis;
tunc Anchisiades sublimi uoce profatur:
'rex inuicte armis, felix in pace senesce,
quamuis nemo ducum uos umquam in bella lacessit,
ex quo Troia perit, nec uester creuerat Aiax.
at modo, rex, ter cuncta domans, ter cuncta reuellens
murus erit sociis, aries metuendus in hostes
Aiax, magne, tuus! Priamo tua dicta loquemur.'
sic fatus; dixere 'uale' regemque salutant.
tunc iter ad portum uertunt et litora tangunt.
conscendere ratem, subducitur ancora mordax,
uela leuant nautae, proras a litore torquent;
puppibus incumbit uentus, mox carbasa tendit,
dum fluctus scindunt et prospera flamina crescunt.
Africus interea ueniens comitante procella
turbidus occurrit, mox sparsit in aequore classem.
gurgite curuato rapiuntur ad astra liburnae
et suspensus aquis per nubila nauta cucurrit
nauigium uectante salo. dum summa ceruchis
sidera tacta putant et nil superesse fatentur
montibus aequoreis, malo uenit altior unda
naufragiumque diu ratibus suspensa minatur
desuper intentans pelago ueniente ruinam.
iam uentus subduxit aquas, extundit harenas
pressa carina solo: murus stat celsior unda

368 laudatur *Ian.*: -tu **N** **370** rubebant *Baehr*[3] *70, Ribbeck 461*: ruebant **N**; *cf. 10,475* **373** inuicte *Ian.*: iniuncte **N** **374** quamuis nemo] *cf. laud. 3,367* lacessit *Schenkl*[2] *519*: -et **N** **377** erit *Buech*[1] *477*: -is **N** **378** tuus **N**: -os *Ian.* **382** nautae *Ian.*: nauae **N** **385** Africus ... procella] *traditam lectionem tuetur Rossb*[9] *65 (coll. laud. 2,176sq.; Coripp. Ioh. 4,395)* **389** ceruchis *Baehrens*: ceruicis *(sed* i *prior eradi coepta)* **N**; *cf. Lucan. 8,177* **393** ueniente *Ian.*: -tem **N** **395** murus **N**: -is *Buech*[1] *477; cf. Vet. Lat. Ex. 14,22*

circumfusa rati, uastarum turris aquarum
pendet et elati percellunt carbasa fluctus.
 obriguit per membra Paris, transire parabat
ad legatorum propria de naue carinas.
ast ubi dispersos longo uidet aequore Troas,
soluitur in gemitus lacrimosae uocis amaros
et sic orsus ait: 'felici sorte creati
pastores, quos terra capit, quos nulla procella
concutit. haut ponti metuunt super aequora fluctus
et rabidum pelagus temnunt latrantibus undis,
sed celso de monte uident ut in arce sedentes
pascua rura nemus, fontes et flumina, prata,
per campos gestire pecus, pendere capellas
praerupta de rupe procul dumeta sequentes
⟨. . . . .⟩
et uirides tondent lasciuis dentibus herbas.
ubera lactantes contundunt frontibus agni,
dum cauda crispante tremunt mollique palato
exultant potare cibos atque edere potus.
mulgere balantum depressis ubera mammis
decedente die noctis uenientibus umbris
quantus amor, cum lacte nouo iam caseus albens
formatur manibusque premit lac pastor ad orbem!
candida summittit feruentes bucula tauros
committitque duces armata fronte iuuencos.
nam grauis est regnare labor, metus excutit ingens
corda ducum, ne bella ruant, ne tela minentur

397 percellunt *Buech*[1] *477*: per coelum **N** **399** de naue] *(de instrumentalis), v. Hofm.-Sz. 126. 262. 264; cf. ThLL V 1,62,18sqq.; 80,10sqq.* **400** longo ... aequore] *cf. Verg. Aen. 1,128; Stat. Theb. 4,24; 12,809* **402–425** *cf. Culex 58–99* **404** haud *Ian.*: aut **N** **407** *de distinctione cf. Ven. Fort. carm. 11,25,17* fontes et flumina] *cf. satisf. 239; Coripp. Iust. 4,171* **408sq.** *cf. Verg. ecl. 1,76* *post* **409** *versum excidisse vidit Duhn* **410** et **N**: ut *Ribbeck 469* tondent *Ian.*: tun- **N** **411** lactantes **N**: -entes *Buecheler* **413** *nota prosodiam* ēdere **414** mulgĕre *Ian.*: mulcere **N**; *cf.* sorbĕre *in 5,212 et ThLL VIII 1566,63sqq.* **415** die *Ian.*: diem **N** **417** lac **N**: iam *Baehrens* **421** corda *Ian.*: cordax **N** ruant] *i. q.* inruant, *cf. Aug. c. Adim. 20 (*timens, ne inrueret bellum religionibus suis*)*

exitium crudele: necis timor omnis ubique est.
nam gladios tellure pauent pelagoque procellas
formidant nec plena datur ducis hora quieti.'
dum loquitur, uenit unda grauis resonatque fragore
et puppim percussit aquis: sublata carina
tollitur et Cypro classi depulsa resedit.
post signum uenere rates recidente procella
et Cyprum tenuere simul. legatio sola
defuit, una fretis et fluctibus acta negatur
puppis in Ionium rabidis collisa procellis;
Aegaeo nam pulsa caret. mox pastor harenis
Dardanus exsiluit tremulis post aequora plantis
et se cum sociis tacta tellure refouit.
Cypro festa dies natalis forte Diones
illa luce fuit. ueniunt ad sacra Cytheres
reddere uota deae quidquid capit insula Cypros,
quod nemus Idalium, quod continet alta Cythera,
quod Paphon exornat, tacitas quod lustrat Amyclas.
candida praeterea Iouis alitis Helena proles
uenerat, absentem retinet dum Creta maritum.
nuntia fama ducis totam repleuerat urbem,
aduenisse Parin Troiano sanguine cretum.
audit ⟨ut⟩ aduentum iuuenis Spartana decori,
mox iubet (et famuli ueniunt mandante Lacaena),
hospitio speratus eat; nam turpe uideri,
regina praesente Paris ceu nauita uilis
litus harenosum teneat. tunc hospes ad aulam
peruolat Atridis socia comitante caterua.
praeceptum dum carpit iter festinus ad urbem,

422 exitium *Ian.*: exitum **N** necis *Buech*[1] *477*: -ci **N** **424** quieti *Ian.*: queti **N** **425** fragore *(ex* fl-*)* **N** **427** tollitur] *i. q.* aufertur*; cf. satisf. 286; Val. Fl. 8,54sq.* classi *Schenkl*[2] *519sq.*: -is **N** resedit **N**: recedit (scopolo *pro* Cypro *posito) Buech*[1] *477* **428** post signum] *sc.* datum recidente *Peiper*: resi- **N** **435** Diones *Ian.*: -e **N**: -ae *Duhn* **436** Cytheres *Zw. (coll. Mart. Cap. 9,915 [vers.])*: -e **N**: -ae *edd.* **439** Paphon *Buech*[1] *477*: -os **N** **444** audit ⟨ut⟩ *Rossb*[1] *11 (coll. 10,334sq.* ut … mitescit, mox iubet*)*: audit **N**: -iit *Ian.* **450** praeceptum *Baehr*[3] *70*: perc- **N**

respicit ad templum Veneris, cui turba precantum
uel conuentus erat; mox uertit ut iret ad aras.
  Interea niuei uolitant per litora cycni
flumine contempto, placidas hinc inde columbas
molliter intendunt omnes per inane uagari;
quas insanus agit rapidusque sequente uolatu
miluus insontes cunctas clamore fatigat,
quas super accipiter uolitans grauis imminet ales.
tunc sollers augur cretus de gente Melampi,
quem fors ad Cyprum dederat per festa dierum,
⟨. . . . .⟩
et sic orsus ait prorumpens uoce sagaci:
'te oblatiua petunt auium responsa uolantum:
conubium spondent praefulgens ore decoro
Idaliae uolucres, de gente Tonantis olores
promittunt genitam, sed miluus horrida fata
(Ditis enim signatur auis, licet hora peracta
tertia quippe sinat Phoebo candente uolucrem
uera per immensum praesagia ferre rapacem),
Martius accipiter dotem fera bella minatur'.
  tunc Paris ad caelum tendens cum lumine palmas
numina magna uocat puerum matremque Dionen:
'aurea siderei proles Venus alma Tonantis,
numina mille tenens, artes cui mille fauendi
dat pater et natus supplet simul, omina firma,
quae cycnus genitoris agit, quae uestra columba
prodidit. infaustos opus est cohibere uolatus:
Martis et inferni uolucres raptoris obuncas
augur auerrunces sacris, quibus imperat auctor
Troius ille puer Ganymedes, conditor artis,

451 cui **N**: ubi *Vollmer* precantum *Ian.*: -atum **N** **452** ut iret *Morelli 119*: iter *(cf. 450)* **N**: ut intret *Ribbeck 467; cf. laud. 2,140 (*uertit *[hic usu transitivo]* ..., ut*)* **456** rapidusque *Ian.*: -dosque **N** *post* **460** *lacunam indicavit Duhn* **461** et sic orsus ait] *cf. 402. 531; Orest. 892* **466–468** *parenthesin fecit Zw.* **466sq.** licet ... quippe] *cf. Orest. 814 (*nam ... quippe*)* **469** fera ... min.] *ex Ov. trist. 5,10,15* **471** Dionen] -em **N** **474** omina *Ian.*: omnia **N** **478** ăuerrunces *Buech*[1] *477*: aberrantes **N***; v. ThLL II 1316,55. 73 (Ambr. fid. 1,11,73; Fulg. serm. ant. 51)*

et Polles cui pinna loquax dat nosse futura’.
pauca precatus erat supplex et templa subibat
uestibus indutus Tyriis, et murice regni
perfusa chlamys ipsa fuit, quam purpura fulgens
flammabat diffusa umeris; hanc fibula mordax
iungit, et ornatus iuueni plus admouet aurum,
quo distincta micat radians per stamina uestis.
cetera turba comes Phrygio succincta decore
fulgebat. delubra petens intrauit ad aras
pastor et in sese cunctorum lumina uertit.
    Aspicit hunc errans oculis ornata Lacaena,
effigiat per cuncta uirum, quibus ille decorus
uestibus incedat uel qua lanugine malas
umbret, ut in roseo prorumpat flosculus ore.
laudat amans mirata uirum flammata Lacaena
ignibus Idaliis; nam dudum flammiger ales
matre iubente puer telo candente medullas
Ledaei partus furtim iaculatus amorem
usserat.   at pastor repetit post sacra Diones
hospitium. regina uenit pallente rubore,
nam flammis perfusa genas pallentibus ibat:
fusus uterque decor manifestum uulgat amorem.
pastorem pudibunda petit cohibente pauore
hortaturque uirum feruens, qua stirpe creatus
indicet, et fuerit qua iam uexante procella
ad Cyprum pulsus. medio sermone Lacaena
iam tacet et quaerit, iuuenem quibus appetat ardens
dictorum uerbis.   sed pastor, perfidus hospes,

482 indutus *(ex* -is*)* **N**[pc]   murice *(ex* natrici*)* **N**[pc]   **483** per⟨fu⟩sa *Diaz*: persa **N**: uersicolor *Buech*[1] *477; cf. Claud. carm. min. 27,86* (perfusam murice uestem*)*   **483sq.** purpura … flammabat] *cf. Stat. Ach. 1,297*   **485** admouet aurum *Ian.*: -net aurium **N**   **486** quo *Ian.*: quod **N**   **490** errans *Ian.*: erran **N**   errans oculis] *i. q. secum imaginans per mentis oculos*   **491** decorus *(ex* -is*)* **N**   **493** ut in *Ribbeck 469*: et in **N**: et ut *Baehr*[3] *70*   **494** mirata *Ian.*: mtrata **N**   **498** usserat *Ian.*: uess- **N**   Diones *Ian.*: -em **N**: -ae *Duhn*   **501** decor **N**: color *Baehr*[3] *70, Buecheler*   **504** qua iam **N**: quanam *Ribbeck 468*   **506** ardens *(ex* arce*)* **N**

ut sensit fragiles mulieris pectore sensus,
incipit Iliacus non quo sit sanguine cretus
nec quibus excussus uentis ad litora Cypri
uenerit effari – trepidus iam uoce remissa
reginam laudabat amans, culpare maritum
coeperat absentem, quod iam pulcherrima coniux
a tepido deserta uiro neglecta uacaret,
sacra Dionaeae matris uel tempta petisset,
adiungens ‘si talis erit, quam forte merebor
uxorem, sic blanda genis, sic ore modesto,
sic oculis ornata suis, sic pulchra decore,
candida sic roseo perfundens membra rubore,
sic flauis onerata comis, sic longior artus
et procera regens in poplite membra uenusto:
tali semper ego dignatus coniuge felix
non desim: famuler supplex et iussus adorem,
conubio seruus ueniam sub lege mariti
nocte dieque pauens, quidnam uelit illa iubere
quae specie fulgente micat. Menelaus oberrat
numine contempto non dicam, coniuge pulchra,
quamuis numen adest ueniens de stirpe Tonantis,
unde genus duco.’ mox haec est uerba locutus,
Tyndaridis faciles quatiunt suspiria sensus
et sic orsa refert: ‘quae sit tua, pulcher, origo,
te reticente magis dudum cognouimus omnes.
est commune genus: pariter tua regna petamus,
sis mihi tu coniunx et sim tibi dignior uxor.
hoc nam fata iubent uel nos hoc Iuppiter urguet:

508 fragiles ... sensus] *cf. Paul. Petric. Mart. 1,4* *nota prosodiam* muliēris*; cf. 10,5* **511** effari *Duhn*: et fari **N**: at fari *Ian.* trepidus] *cf. Orest. 693* **513** iam **N**: tam *Ribbeck (463. 468, cf. Hofm.-Sz. 167*^{4}*)* **515** tempta *Buecheler*: templa **N***; cf. 527; 10,460* **516** erit *(ex* erat*)* **N** **520** onerata *Zw.*: ornata *(ex 518)* **N***; v. ad 9,40/42* **520sq.** longior ... procera] *cf. AL 310 R*^{2} *(= 305 SB)* **521** uenusto *Rossb*^{8} *855 (coll. Dares 12)*: -ta **N** **525** quidnam **N**: quid iam *Duhn* **526** oberrat *(ex* -et*)* **N**^{pc} **527** *de distinct. cf. 573* **529** mox **N**: vix *Duhn, Baehr*^{3} *70, sed v. Rossb*^{9} *65sq.; ThLL VIII 1553,1sqq.* (mox *i. q.* ubi primum*); Hofm.-Sz. 637 (i. q.* mox ut*)* **532** magis] *i. q.* tamen*; cf. Orest. 827; laud. 1,488. 558* **534** sis *Ian.*: sic **N** tibi *Duhn*: tui **N**

uiuere me gemini iussit sub sorte mariti.
conferet Atridi, quisquis me duxit amator,
ut uiuum linquam non iam moriente marito,
post thalamos primi cui debent fata secundum'.
dixit, et egressi puppes et litora poscunt.
    Dum portus classemque petunt, respexit ad urbem
pastor et ingentem uidit consurgere nubem
pulueris extorti, mouit quam turba sequentum.
tunc Paris alloquitur comitantem praedo rapinam:
'occidimus, regina, pares: nos Graia iuuentus
insequitur, gladio uestigia nostra sequaci
captatum peruenit iter quicumque satelles
coniugis Atridis, subnixus et hospite turma,
mox armatorum rapiens ad bella cohortes:
et mecum fortasse cades, si tela sequentur.'
tunc Spartana refert: 'iuuenis, quid nostra retardas
pectora colloquiis? Phrygibus tamen arma capessant,
rex dilecte, iube, gressus celerare ministros
imperio compelle tuo: properamus ad aequor,
dum uacat et missis concurrit turba ministris.'
sic effata uolens rapitur per colla tyranni
iam Priami cum clade nurus: sic terga iuuenci
Europam rapuere dei, cum Iuppiter ipse

537 conferet *Ian.*: confer et **N** quisquis *Ian.*: quisque **N** **538** moriente] *i. q.* mortuo; *v. ad 9,33; Orest. 195. 703. 764 (Rossb*[7] *49sq.; Hofm.-Sz. 387)* **543** mouit *Ian.*: -et **N** **544** Paris ... comitantem *Ian.*: patris ... -te **N** **545** regina *Ian.*: regna **N** **546** gladio ... sequaci] *cf. Val. Fl. 7,619 (*ense s.*); Sil. 15,720* **546sq.** uestigia ... iter] *cf. 580sq.* **547** iter **N**: item *Schenkl*[2] *520 (Dracontio inusitatum)* peruenit iter] *fort. i. q. peregit iter; cf. cod. Iust. 2,7,26,4 (*cum medium iter peruenerint*)* quicumque *Ian.*: quiccun- **N** **548** Atridis *Ian.*: aridis **N**: Atrides *Buecheler* **550** cades *Ian.*: cade **N**; *cf. Orest. 188; Stat. Theb. 5,247* **551** retardas *Duhn*: -des **N** **552** pectora] *i. q.* animos, *cf. 293; Orest. 558; [Prosp.] carm. de prov. 658 (*si quid obest uirtuti animosque retardat*)* **554** tuo **N**: *'fort.* tuos*' Ribbeck 468, sed cf. 10,70. 83* properamus **N**: -emus *Ian.; sed cf. Hofm.-Sz. 326sq.* **555** dum *(Ribbeck 468)* uacat et missis *Zw.*: et uacate iussis **N**: dum uacat emissis *(*elusis *Baehr*[5] *852) Baehrens*: atque uacet iussis *Ian.*: et uacat auersis *Buech*[1] *477* concurrit *(vix -*et*) Zw.*: -ens **N**; *v. ad 7,11* **556** sic ecfata *Baehr*[3] *70*: sic fata **N**; *cf. 10,509* **557** nurus *(ex* mu-*)* **N**[pc]

taurus Olympiaca produxit cornua fronte;
fulmineus uector subolem famulantibus undis
gaudet Agenoriam caelestia colla grauantem,
cum Cadmi cognatus aquas, freta magna, secaret.
ergo ubi peruenit raptor turbatus ad aequor
et licet exhaustus cursu uel pondere lassus,
qui gratum portabat onus, tamen ipse Lacaenam
litore non posuit, media sed puppe locauit.
nautae uela leuant et remis castra mouentur.
adueniunt collecta manus iam classe remota
et quatiunt omnes palmis in litore frontes,
nunc galeas, nunc tela simul clipeosque tonantis
proiciunt; uenit ipse uolans per rura maritus
sudanti peruectus equo, quem nuntius horrens
fregerat ad Cyprum uenientem sacra dicare.
ut conspexit amens sulcari puppibus undas
et thalamos gestare suos, collisus harenis
ingemit et flauos extorquet uertice crines.
Hyrcanae sic saepe solent per deuia tigres
affectu stimulante rapi, cum pignora mater
perdit et elusa feritas pietate nocentis
raptoris sectatur iter, uestigia sollers
insequitur praedonis equi, sessoris anheli;
ast ubi torua parens transacto flumine natos
secerni conspexit aquis, redit orba dolore

561 grauantem *Duhn*: -entem **N**; *v. ThLL VI 2,1703,67–77* **562** aquas **N**: ouans *Gil 164, sed cf. Ov. am. 3,12,34* **563** turbatus *Ian.*: -ur **N** **567** castra mouentur] *cf. Verg. Aen. 3,519; Cypr. Gall. exod. 1331* **570** tonantis **N**: sonantes *Ian., sed cf. 4,43; Coripp. Ioh. 5,385* **571** proiciunt *Ian.*: puo- **N** uenit ipse *Ian.*: tunc *(ex 570:* nunc*)* uenit ipse **N**: tunc ipse *Vollmer (*u e n i t ipse … maritus *respicit ad 568* a d u e n i u n t collecta manus*)* **572** peruectus **N**: praeu- *Giarratano 14 (coll. Claud. rapt. Pros. 2,122)*: prou- *Buech*[1] *477; v. ThLL X 1,1841,39* **574** ămens **N**: amans *Duhn; v. ThLL I 1881,14* **577sqq.** *de tigride natis orbata cf. Schetter Gn 63, 1991, 221* Hyrcanae *Ian.*: Hu *(vel* Hic*)* canae **N** **578** stimulante *(ex* -ti*)* N^{pc} **579** nocentis *Ribbeck 468 (Rossb*[2] *477)*: -ti **N** **581** sessoris *Ian.*: -ri **N** **582** transacto flumine *Duhn*: transactos lumine **N**: transiecto fl. *C. F. W. Müller (apud Vollmer [1914]; cf. Liv. 21,27,3)* **583** aquis *Duhn, Baehr*[3] *70*: quis **N**

et gemit infrendens amissum nobile pignus:
Atrides sic maestus erat de coniuge rapta.
  Interea Aeneas rediens legatio Troiam
uenerat et Priamo Telamonis dicta reportat.
sed Paridem genitor postquam non uidit amatum,
plangit et albentes immundat puluere canos.
Antenor Priamo pelagi narrare labores
iam fletu manante genis et mille pericla
coeperat: ignarus quid de pastore procella
fecerit aut iuuenis classem si merserit unda
nescius esse refert; hoc tantum nosse fatetur,
quod pelagi rabies subuerso gurgite ponti
sparserit Iliacas in tempestate carinas.
  his dictis gemit aula ducis sub luctibus atris:
moenia iustitio foedant et plangitur urbe,
sexus uterque gemit, non pro uirtutis honore
aut quod talis erat qui posset bella subire
aut ingesta pati uel summis uiribus hostem
frangere et ensiferas acie iugulare cohortes
(quamuis Alexander si uiribus Herculis esset
aemulus aut certe Meleagrum aut Thesea fortes
aequaret uirtute potens, tamen Hectore magno
sospite nemo Parin lugeret corde dolenti),
sed regis quia natus erat fit planctus in urbe.
nam quicumque memor Heleni mox dicta tenebat,
laetatur gaudens et tantum uoce dolebat.
tunc pater absenti tumulum formabat inanem,
ut iacuisse putes praesenti morte cadauer.
  Dum parat inferias genitor mactare sepulchro,
non ubi corpus erat uel nil satiare cruore,

586 Aeneas … legatio] *pro* Aeneas *(241. 372)* et legatio *(259. 429)* rediens **589** albentes … canos] *sic et Ennod. carm. 1,4,63; cf. Ov. met. 3,516* **590** Antenor *Ian.*: Anteno (n *prior in ras.)* **N** **594** esse *Baehrens*: ore **N**; *cf. 2,93* (quasi nescius esset); *de nom. c. inf. v. Hofm.-Sz. 363sq.* **597** sub *Peiper*: sed **N**; *cf. Verg. Aen. 6,413; Cypr. Gall. exod. 1136* **598** moenia … foedant] *cf. 5,144. 293; de* iustitio *v. laud. 3,382* **602** acie *Ian.*: aciem **N** **603** *nota prosodiam* quamuĭs **606** parin *(ex* -im*)* **N**[pc] **608** mox] *i. q.* etiamnunc **609** et *Baehr*[3] *70*: sed **N**

per freta conspiciunt notam de litore classem.
prima ratis iuuenis regali praedita signo
apparet, quam serta ligant; ornata rosetis
candida pepla uolant et carbasa sericus ornat,
et Veneris celsa spectatur ab arbore myrtus,
quam sponsus defixit ouans. occurrit ad undas
Hecuba cum Priamo populi comitante caterua,
suscipiunt sponsam, dat cunctis oscula pastor
ad patrem Priamum gradiens matremque salutans;
dulcia colla tenent et uultibus oscula figunt.
non inuitus adest nec gaudet fortior Hector,
quem Troilus sequitur non inuitus tamen aeger,
non membris sed mente grauis; praesagia sensus
concutiunt animosque uiri: Mors ore cruento
inter Troianas discurrit saeua cateruas
heu quantos raptura uiros, quae fata datura
aut quantas per bella nurus uiduare parata,
Troile! sectatur uestigia uestra Polites:
sic solet umbra sequax hominem larualis imago
muta sequi nec membra mouet, nisi mouerit ille
quem sequitur; si cesset homo, cessabit imago
uel quodcumque mouens si sederit, illa sedebit
motibus et falsis ueras imitata figuras,
nil faciens quasi cuncta facit: sic quoque Polites.
  Duxerat uxorem pastor cum sorte sinistra:
iam muros, iam tecta petunt, iam regis ad aulam
intratur sponsamque tegunt sua flammea pulchram,

616 ligant *Ian.*: le- **N** **617** sericus *Ian.*: seriens **N**; *cf. 10,160. 258* **622** ad ... gradiens *Buech[1] 477*: at ... gaudens **N** *(cf. 609. 624)* **624sq.** non inuitus – non inuitus] *nota rhythmum anaphorae a poeta ludente variatum* **624** nec *Ian.*: nen **N**: non *Vollmer* **625** non *Ian.*: nec (-ec *in ras.)* **N** tamen *Ian.*: attamen **N** **626** presagia (-agia *in ras.)* **N** **627** uiri *Ian.*: in uiri *(ultima* i *ex* e*)* **N**[pc] **628** Troianas ... cateruas *Duhn (dubit.), Rossb[8] 842*: -nos ... -ua **N**; *cf. laud. 3,484; Homer. 357. 631* **629** quantos *Ian.*: -to **N** raptura (ura *in ras.)* **N** quae *Ribbeck 469*: atque **N**: quot *Rossb[1] 12* **633** muta *Buech[1] 477*: multa **N** **635sq.** illa sedebit ... et] *contorte pro* etiam illa sedebit **637** *de prosodia* quōque *v. ad 4,15* **638** duxerat *Ian.*: dix- **N**; *cf. Hor. carm. 1,15,5* **639sq.** ad ... intratur] *cf. 488* **640** intratur *Ian.*: intratu.ri (tu *ex* ri*)* **N**[pc]

iam thalamis ornata sedet; saltatur in urbe,
tympana iam quatiunt, iam rustica fistula carmen
pastorale canit. lituus nil dulce remugit,
fescennina silent et bucina bella minatur;
nec molles tuba rauca sonos dedit, aere canoro
increpat arma duces clipeos et mille carinas;
classica Tydidis committere bella putares.
ite pares, sponsi, iam somnia taetra probastis
matris et ornati misero flammastis amore
ostensam sub nocte facem, qua Troia cremetur,
qua Phryges incurrant obitum sine crimine mortis.
sanguine Troiano dabitur dos, clade Pelasgum
ditetur Ledaea fugax per castra propago,
orbentur superi, caelum gemat et mare plangat:
crimen adulterii talis uindicta sequatur.

648 somnia *Baehr*^{3} *70*: omina *(o- et* -na *in ras.)* **N**; *cf. 122* **649** matris *Rossb*^{8} *855*: martis **N** ornati **N**: armati *Ian., sed v. ThLL IX 2,1026,9sqq. et 1027,26sqq. (ironia subaudienda)* **650** ostensam *Duhn, Baehr*^{3} *70*: -sa **N** *post* **655** Τέλος **N**

IX

DELIBERATIVA ACHILLIS AN CORPVS HECTORIS VENDAT

Si decus est uirtus et praemia cuncta meretur,
si meritum post fata manet, si fama superstes
eminet et gaudet titulis ornare sepulchra,
annue quod petimus. fortis pro forte rogaris:
egregias mentes uirtus delectat in hoste,
inuidia mens summa caret, laudare decora
nouit et ingentes attollere gestiet actus.
dat uirtus exempla bonis prauisque pudorem,
debilitas quos lassa premit. tu, fortis Achilles,
quid prohibes tumulos, quamuis iactura sepulchri
temnitur et nihil est quoduis in morte periclum?
si sensus post fata perit, cur busta negantur?
si mens ulla manet, iam rectius ergo putatur
non requies, sed poena rogus: tormenta sepulchrum
ingerit et manes tolerant per membra dolorem.
    sed sensum cum luce simul post fata perire
segnibus et pueris mentitur fama relatrix:
sunt animae post membra piae; quas ignea uirtus
tollit ad astra micans et solis in orbe recondit
lunares non passa globos; ac desuper orbem
exspectant stellasque uagas et signa Leonis
Augusto quid mense parent, quid cetera temptent
ornamenta poli. rident sua membra uidentes

ante **1** ⟨Prooemium⟩ *Vollmer (1914); de tit. v. Buecheler apud Vollmer (1905) 337sq. s. v.* deliberatiua **1** Si] *littera* S ἐν ἐκθέσει *posita* **2** post fata *Duhn*: post pama **N**: postrema *Buecheler; cf. 12sq. (*post fata .... manet*); 16sq. (*post fata ... fama*); Orest. 471sq.* **3** eminet *Duhn*: etninet **N** **5** *habet **flor. Ver.** (fol. 3ᵛ 2,23)* hoste ***flor. Ver.*** **N**ᵖᶜ: -em **N**ᵃᶜ **8sq.** *(*dat ... premit*) habet **flor. Ver.** (fol. 4ʳ 2,12)* **9** debilitas **N**: -tat ***flor. Ver.*** lassa **N**: lapsa ***flor. Ver.*** **12** cur *Duhn*: cui **N** **13** manet ... rectius *Buecheler*: manet et ... pectus **N** **15** per m. d.] *cf. Lucr. 6,657* **17** segnibus *Duhn*: sig- **N** **21** exspectant *(i. q.* spectant*) Duhn*: -tnt *(ex* -tat*)* **N**; *cf. Orest. 777 (Rossb⁷ 49)* **23** ornamenta *(ex* -ti*)* **N**ᵖᶜ

funeris abiecti fragiles et corporis usus,
ut doleant animae iam libertate recepta
corporibus uixisse suis et claustra tulisse
carceris angusti. tumulos aut ossibus urnas
dedignant animae, non curant uile sepulchrum
nec plangunt non esse simul, quos sphaera polorum
claudit et aetherium Phoebus suspendit ad axem.
  adscensurus eris, pietas si sancta manebit
corpore belligero, si non crudelis in hoste
post uitam morientis eris, si immitis Achilles
nec post bella manes nec spectant funera poenas
arbitrio subiecta tuo, si parcitur umbris,
quaesitor quas torquet auus, si uera feruntur.

AT INQVIES: SI POST VITAM ANIMAE CORPORA SVA DESPICIVNT, PRO HECTORE CVR ROGAMVS?

Non Hector, sed Troia rogat miserique parentes,
Andromache uiduata gemit uel ad ubera paruum
Astyanacta tenet, sic caelum questibus implet;
uirgo Polyxene lacrimis ornata decoris
et planctu laniata genas, contusa lacertos
ac longis dispersa comis onerata pudore
ingemit et tantum nutu sine uoce precatur,

24 abiecti *Buecheler*: adi- **N** **26** claustra *Baehr*[4] *270*: claus(r)a *(vix* clausã, *quod scriba more suo per -sá reddidisset)* **N**: clausa *Duhn; cf. laud. 2,544; Lucan. 6,721* **27** tumulos *Duhn*: tum tumulos **N** **29** nec *Vollmer*: et **N** sphaera *(vel* aura*) Schenkl*[2] *520 (coll. 10,500)*: urna *(ex 27)* **N** **31** adscensurus *Rossb*[1] *13*: aduenturus **N**; *cf. Paneg. in Mess. 12 (*Alcides, deus ascensurus Olympum*)* **32** corpore **N**: pectore *Baehrens* **33** morientis *(i. q.* mortui*)*] *def. Schenkl*[2] *520 coll. Verg. Aen. 4,515* nascentis, *quod Servius pro* statim nati *(sc.* pulli equini*) habet (coll. Plin. nat. 8,165* statim edito partu*); v. ad 8,538* immitis *Schenkl*[2] *520 (coll. Verg. Aen. 3,87)*: mitis **N** **35** parcitur *Vollmer*: -tis **N** **37** Questio *in marg. adscr.* **N** *(=* **N**[2]*) (v. ad 78)* Non] *littera* N ἐν ἐκθέσει *posita* **38** uel ad ubera *Baehr*[4] *270*: uelud ubere **N** **39** tenet **N**: tenens *Baehrens; cf. Homer. 566* **40/42** ornata/onerata] *v. ad 8,520* **42** longis *(ex* longn *corr., ut vid.)* ... comis **N**[pc]: longas ... comas *Tolkiehn 154*[1] *(coll. Lucan. 10,84; Claud. rapt. Pros. 1,55)* **43** nutu **N**: uultu *Rossb*[9] *67 (coll. Sil. 6,567 et var. lect. Tib. 1,2,21)*

funeris Hectorei poscens exsangue cadauer.
quem retines iratus adhuc, cognosce, puellae
plangentis germanus erat, cui uita daretur,
ante aciem si uisa foret Troiaeque periclis
femina quae dederat, haec femina bella negaret.

da ueniam, iuuenis. magnum est punisse triumphos
Hectoris, hoc sat erit quod de uictore triumphas;
iam luctus conuerte tuos ad gaudia, uictor,
gaudia qui Phrygibus sollers in funera uertis.
infelix plus Troia gemit quam perdit Achilles
fortior occisi consurgens ultor amici.
infremis Aeacides? qui uindicet Hectora, non est.
anne Parin Fortuna iubet? qui crine madenti
inter lanigeras gaudet latuisse puellas
nec mater ueneranda iubet quod laudis habetur,
hoc agit et pugnam thalamis exercet adulter;
pectore femineo Veneris nam bella lacessit,
ut Martis declinet opus uel fulmina campi
effugiat, magnoque iacet dotata Lacaena
sanguine Troiugenum, Graium dotata cruore.

Dardanidis quis murus erit post Hectora campo,
aduersus Danaos quis Pergama fessa tuetur,
puppibus Argolicis Phrygios quis diriget ignes,
quis Telamone satum constans umbone tonantem
sustinet aut Teucri tolerat per bella sagittas ?
quis hostis Diomedis erit, quae turma furentem
excipit? in clipeum surgens cum torserit hastam
turbine belligero, quis non sine uulnere fractus
concidit et moriens tremibundos porrigit artus?

45 cognosce, puellae *Baehrens*: -osce puellam **N** **48** quae dederat haec *Zw.*: bella dedit sed **N**: bella dedit haec *Baehrens (qui v. 47 pro* Troiaeque periclis *posuit* tibi, quaeque peregris*)*: bella dedisset *Gil 165* **56** iubet **N**: iuuet *Buecheler* crine madenti *Buecheler*: crimen adenti **N** **57** lanigeras **N**: lanificas *Baehr^{4} 270, sed cf. 7,62* **58** nec mater u. iubet] *sc.* et cui m. u. non iubet *(*quod l. h.*)* **59** hoc agit et] et *i. q.* scilicet*; cf. laud. 1,10* **62** iacet **N**: tacet *Buecheler; cf. Ov. ars 2,359* **64** Dardanidis *Baehr^{4} 270*: Dardanis **N**: -nio *Buecheler, sed cf. Sen. Tro 125* **66** Phrygios *Buecheler*: -ibus **N**

Tydidem Aeneas rediens in bella lacesset,
a quo uictus abit, qui impressit uulnera Marti?
nam niueam lusisse fuit plagare Cytheren.
Pergama Pelidi, fateor, post Hectora tractum
non bello, sed praeda patent spectanda triumpho.

AT INQVIES: DOLOREM MEVM LENIAM, PERCVSSOREM PATROCLI CANIBVS ET VOLVCRIBVS ⟨SI⟩ DEDERO LANIANDVM

Hectoreum si forte canes laniare cadauer
ipse paras crimenque putas: hoc Medus honestum
credit et ad Persas honor est, si membra uolucres
eripiant. et nulla detur licet ossibus urna,
multis membra tamen condentur rapta sepulchris:
corpus flamma cremans absumit, membra ⟨uorantes⟩
hoc canis hoc uolucres faciunt; uix ossa relinquunt,
et rogus ossa rapit. forsan seruabitur Hector,
ut madefacta cadant siccantibus ossa medullis
et longa sub tabe fluant? hoc cuncta sepulchra
exercent; tamen intererit, quod clausa tenebris
putrescant tumulis, at hic sub luce madescant
aspectusque tuos funestent ossa diurnis
uisibus. Andromache tumulum sibi formet inanem
et causam lacrimis faciet quam denegat hostis:
te tamen, Iliacae populator gentis, Achillem
sacrilegi iam poena manet, qui uiua peremptis
funestas elementa uiris. corrumpitur aër

73 Tydidem] -en **N** lacesset *Buecheler*: -it **N** **74** Marti *Rossb^1 14 (coll. Hom. Il. 5,855sqq.)*: matri **N** **76** tractum *Buecheler*: nactum **N**; *cf. 8,128* **77** bello *Zw.*: -um *(propter* tractum *in 76)* **N**; *intellege:* Pergama Pelidi ... patent – non bello *(dat. fin.)*, sed ... triumpho spectanda *Rossb^1 14 (coll. Claud. 28,374sq.)*: spectante **N**, *cf. [Sen.] epigr. AL 418 SB = 420 R^2* (nullo spectata triumpho*)* *ante* **78** *in tit.* ⟨si⟩ *Duhn* **78** Questio *in marg. adscr.* **N** *(v. ad 37)* Hectoreum] *littera* H ἐν ἐκθέσει *posita* **81** nulla *Buecheler*: -i **N** dĕtur] *v. ad 8,314* **83** ⟨uorantes⟩ *suppl. Buecheler; cf. AL 370 SB = 375 R^2,1; 662,4 R^2* **85** et **N**: nec *Baehrens* rogus] *i. q. sepulchrum, ubi nuda ossa conduntur* **86** madefacta *Buecheler*: male f. **N** siccantibus **N**: stillantibus *Baehr^4 270* **89** madescant *Buecheler*: -unt **N**

mortibus, unde caret laesus uitalibus auris;
non purus sub sole dies, non sidera noctis
impolluta micant, fuscantur cornua lunae
sordibus et totum caeli mors inficit orbem.
non Phoebus Danais morbos, non Troia Pelasgis
inferet aut natam repetens per castra sacerdos
Chryses Apollineus: hinc sunt, hinc funera maesta
fortibus et bellum geritur cum Morte cruenta.
Hector in hoste fuit saeuus, cum uita maneret:
plus post fata nocet. Certe medicabilis ille
te Chiron docuit pestes sanare iacentum,
cum chordas quateret plectro, cum bella manerent,
et citharam post lora daret, cum mentis honestae
post Centaurorum raptas de flumine praedas
ingentes animos puerili in corde leuaret?
non docuit, quia maestus odor, quia putre cadauer
aëra tellurem uentos animasque grauabit?
inde homines uolucres pecudes et cuncta necantur
corpora uiuorum pariter mundique salutem
mors neglecta nocet: non sunt commercia iuncta
mortibus et superis, diuisit limite mundos
imposito natura parens; non congruit aether
funeribus nec funus amat sub sole iacere,
inferni secreta dei sub nocte petuntur.

98 impolluta *Buecheler*: impullata **N** *(nusquam legitur, cf. ThLL VII 1,716,33)* fuscantur *Buecheler*: fulc- **N** lunae *Duhn*: luce **N** **99** mors *(i.* cadauer*) Duhn*: mox **N**: nox *Rossb*[2] *477, Rossb*[8] *844; cf. 96* **101** inferet (-fert *iam Buecheler) Baehrens*: inseret **N** natam *Duhn*: nauta **N** **105** certe *Duhn*: öerte **N** medicabilis] -lis *in ras.* **N** *(ad 105sqq. cf. Stat. Ach. 1,116sqq. 186sqq.; 2,157sqq.)* **107** manerent **N**: moneret *Buecheler, sed. cf. 4,16; Stat. Ach. 2,34; Val. Fl. 3,296* **108** honestae *Duhn*: honustę (ħ *erasa)* **N**; *cf. 8,292; Coripp. Ioh. 6,230sq.* (mentis honestae *coniunge cum* ingentes animos *in 110)* **109** *cf. Stat. Ach. 1,152sqq.* **110** ingentes *Baehr*[4] *270*: -tos **N**; *v. Rossb*[8] *844 (Verg. georg. 4,83; al.)* leuaret *Buecheler*: -ḅant **N** **111** maestus] *i. q.* taeter, *cf. ThLL VIII 49,57* **114** pariter *Leo*: rapitër **N** *(de* cuncta … pariter *v. Claud. rapt. Pros. 2,297; Mar. Victor aleth. 1,243)* **115** iuncta *(an* uincta *incertum)* **N**, *Rossb*[1] *15 (coll. Stat. Theb. 2,512)*: uitae *Buecheler (coll. laud. 1,591), sed cf. Manil. 4,170. 296* **116** mortibus **N**: manibus *Buecheler* superis] sup- *in ras.* **N**

Non tibi per somnos aderit censoris imago,
Aeacus in medias ueniens ad castra tenebras
uoce manuque furens et te culpabit amare
asper et increpitans? et iusta uoce notabit:
'tene, deum suboles, caeli pelagique nepotem,
atque Erebi gens clara mei, te, fortis Achilles,
ista decent? tumuli caesis et busta negentur?
nec dabis occisos iuuenes Acheronta natare,
prostratis dum busta negas mortesque sepulchris
abdicas? me uita pia promouit ad urnam,
humani generis laudes et crimina quaeram;
nec tamen hinc securus eris, quia noster ad urnam
aduenies quandoque nepos: ignoscere manes
ignorant mecumque Minos uel Gnossius illic
iudicium Rhadamanthus habet commune barathri.
nominis inuidiam uestri per flumina manes
exagitant, sua iura neges quod morte peremptis,
Patroclumque tenent, quem nec conscendere cymbam
permittunt, nisi primus aquas transcenderit Hector.
et nullum pars nostra sinit transire per undas
ac sortem retinere suam, nisi rite sepultum.'
Desine, bellipotens, animos retinere feroces,
dux, iras depone, precor: non sentiet Hector,
quidquid in hoste furis, lacerum tenuisse cadauer;
supplicium non Hector habet, sed poena Pelasgum

124 Te ne *(*T *ex* D*)* **N**^{pc} caeli ... nep.] *cf. Stat. Ach. 1,869 (Rossb*^{8} *845)* **126** caesis et *Duhn*: cęssis sed **N** **128** mortesque *Rossb*^{1} *15*: mor/esque *(*t *periit rasura in charta aversa v. 105* medicabilis*)* **N**: manesque *Buecheler* **129** abdīcas *(*-as *propter* negas*?)* **N**: abdicis *Zw., cf. laud. 1,430 (ubi* abdicet *pro* add- *legendum) et Rossb*^{8} *856; ThLL I 53,74–76; 56,28–36 ('abusive pro* abdicare*'); sed v.* abdīcor *in 8,96* me uita pia *Buecheler*: merita piam **N** **130** humani ⟨ut⟩ *Baehr*^{4} *270 (cf. satisf. 51 et v. ad 10,359), sed obloquitur Rossb*^{8} *845* queram **N**: *'fortasse* quaero*' Buecheler* **135** inuidiam *Duhn*: in uidia **N** **136** neges *Duhn*: -is **N** **138** transcenderit *(*i *ex* e*)* **N**^{pc} **139** pars *(*a *in ras.)* **N** **140** retinere] *v. ad 8,141* **141** Epilogus *in marg. adscr.* **N** Desine] *littera* D ἐν ἐκθέσει *posita* **142** dux *(*-x *in ras.)* iras *(corr. ex* dixeras, *ut vid.)* **N**^{pc}; *cf. Orest. 25–27; Verg. Aen. 11,7sq.* **144** supplicium *Duhn*: -cum **N**

seruatur per castra tuis, dum funera punis.
Aeacus inuidiam, carus tormenta Patroclus
sustinet et uestri poenas luit ille doloris.
    uel medium Priamo, generose, refunde cadauer;
nam partem tractura tenet. si reddere corpus
et laceros artus tempta pietate negabis,
exiet Andromache socero comitante per agros
Astyanacta trahens, qua tristior orbita monstrat,
et leget infelix dispersi membra mariti
uepribus et mediis rupem complexa cruentam
oscula fixa dabit dicens de rupe maritum;
in qua sanguis erit rupem uocat Hectora coniux
et puerum miseranda docet, ne calcet harenas,
infecit quas forte cruor; tardumque per oras
exspectat socerum, sed non uacat: exprimit herbas,
quas rubuisse uidet; hoc nati uultibus addit,
ut patrem ferat ore puer; suadente dolore
ipsa sibi demens extorquet, ut Hectora credat
Astyanacta suum; Priamo tamen Hectoris ossa,
si qua iacent dispersa rotis, ostendet et ambo
carnibus Hectoreis defigent oscula flentes.
ore cruentato puerum simul ambo monebunt,
oscula det membris; 'laceros ubicumque iacere'
dicet auus puero 'pater est quos uideris artus'.
    Motibus his si nulla uenit pietatis imago,
aspice quid faciant coniux pater Hecuba natus
et pudibunda soror: Priamus iacet oscula plantis

145 seruatur *Duhn*: -antur **N** **146** inuidiam *Buecheler*: -ia **N** **147** doloris] *i. q.* irae; *cf. 142 et ThLL V 1,1841,25sqq.* **151** comitante *Duhn*: coni- **N** **154** et **N**: e *Duhn* **156** rupem uocat **N**: rupe inuocat *Baehrens* **157** miseranda *Duhn*: mes- **N** **158** oras *Baehr*[4] *270*: horas **N**: arua *dubitanter Zw. (coll. Stat. Theb. 12,231sqq.); cf. ThLL IX 2,867,53sqq.* **161** patrem *Duhn*: patre **N** **164** rotis *Baehr*[4] *270, Schenkl*[2] *520*: sororis **N**; *cf. Sen. Phae 1097* **165** defigent *Buecheler*: -gunt **N** **166** monebunt *Buecheler*: manebant **N** **168** uideris] *ante* ui- *litt.* c *vel* a *incipiens eras.* **N** **169** motibus *Buecheler*: mortibus **N**: mori- *Rossb*[2] *477*: uocibus *Baehrens; cf. Orest. 227* nulla ... imago] *cf. Verg. Aen. 6,405; Lucan. 7,320sq.*

rex senior dans ipse tuis nec turpe putabat,
quod miserum fortuna iubet; hinc uirgo pudica
Astyanacta tenens paruum super Hectora ponit
et puerum deflere docet, sed paruulus optat
ire nec extincti cognoscit funera patris;
heu lacerum nam corpus erat, quod mater et uxor
complexae per colla tenent et uulnera ferri
per laceros artus generoso in corpore quaerunt.
sed quid dorsa uiri palpant? iniuria constat
magnanimi iuuenis: plagam, qua concidit Hector,
et uulnus si nosse placet, uersate supinum
corpus et occisi tractentur pectora regis:
inuenient ungues, quanto descendit hiatu
hasta potens quantumque dedit Vulcanius ensis.
nam quod terga ferunt, hoc currus fecit Achillis,
dum trahit extincti iuuenis per saxa cadauer –
et domino iam damna parant de funere tracto.
Hectora mirantes plus te laudamus, Achilles,
a quo uictus obit: finem da, magne, dolori
et post uindictam ueniam concede perempto,
qui poenas in luce dedit. iam respice mitis:
Astyanacta uides? Pyrrhi succedat imago
ante oculos dilecta tibi Priamique senectus
mentibus asciscat uenerandi uota parentis.
nam genitor Peleus laetum post bella uidere
te cupit; et senior Lycomedes, coniugis auctor,
exoptat reduci gaudens offerre nepotem.
planctibus Andromaches ceu praesens blanda putetur
Deidamia simul, quae sollers nocte dieque

172sq. nec turpe ... iubet] *cf. Sen. Tro 710sq.* **174** tenens *Buecheler*: ponens **N** **176** Ire *(i. q. abire, discedere)* **N**; *vix* ⟨Sc⟩ire *scribendum* funera *Duhn*: humera **N** **184** descendit *Duhn*: descendi *(ex* di-*)* N^{pc}; *cf. Stat. Theb. 12,340* **186** ferunt *Duhn*: dederunt **N** *(ex 185* dedit*)*: gerunt *Baehr*^{4} *270* achillis *(*-is *ex* -es*)* N^{pc} *post* **187** *lacunam statuit Schenkl*^{2} *520* **190** dolori] *i. q.* irae, *v. ad 147* **192** in luce] *i. q.* in uita; *cf. Lucan. 1,115* **193** uides *Vollmer*: uidens **N**; *interrog. sign. pos. Zw.* **194** dilecta *(ex* de-*)* N^{pc} **196** Peleus *Duhn*: pelens **N** **199** blanda putetur *Buecheler*: bland maritũ *(var. lect.* putatur *in marg. add.)* **N**

mente oculis attenta uolat; nam fluctibus altis
carbasa prima uidens amens occurrit in undis
perquirens, si Troia ruit, si concidit Hector,
sollicita quem mente timet. te plectra tenentem
atque iterum blandas iuuenili pollice chordas
tangentem laudare cupit et brachia collo
nectere mellifluis adiungens oscula labris.
Hecuba maesta gemens et canos puluere foedans –
omine non tali matrem praesentet ab undis
corde tuo pietas: licet haec mortalia fata
in se nulla timet, tamen heu te, fortis Achilles,
mortalem genuisse dolet. haec, summe, retracta
et ueniam largire pius.   Si parua putantur,
fac pretium, uictor: generosum uende cadauer.
uendatur ceu uiuus adhuc nec munere paruo,
sed ueneat tantum quantum pensabitur Hector.
hoc placet ut fortis habeatur iudice bello
mors pretiosa uiri: cunctos hortaris in hostem,
si non uilis erit ueniens occasus in armis,
qui se despiciens ciues dilexit et urbem.
    Dardanides dependat opes, det magna talenta:
Astyanax egeat, Priamus mendicet et omnes,
infelix quos Troia capit. haec poena manebit
Laomedontiadas, si carior ille sodalis
sollers Hectoreo condetur dignius auro,

201 uolat] *'fere quod* trepidat*' Vollmer (1905); cf. 10,10* (licet ... currat) altis *Duhn*: atris **N** **202** amens *Buecheler*: animis **N** **205** blandas (-as *ex* -is) **N**^{pc} **206** cupit] *syll. clausa producitur in arsi (in caesura), v. ad 5,35* et **N**: uel *Buecheler* **207** adiungens *Duhn*: -es **N** **208** puluere *Duhn*: pluere **N** fędans (a *ex* e) **N**^{pc} *post* **208** *unum versum excidisse suspiceris; an* gemens ... foedans *pro nom. abs. intellegendum* (ἀνακολουθία)? **209** tali (i *in ras.*) **N** **211** timet *Duhn*: timent (-nt *ex* -ns) **N**^{pc} heu *Baehrens*: haec **N**; *cf. 177 et Orest. 844* (tamen heu) **212** haec *Buecheler*: hoc **N** **214** pretium *Duhn*: pretum **N** **216** uĕneat *Duhn*: -iat **N** tantum quantum **N**: -to -to *Buecheler, sed cf. ThLL X 1,1107,59. 75 et 1109,36ff.* **219** occasus (-us *ex* -um) **N**^{pc} **220** qui] *sc.* occasus ... ⟨eius⟩, qui (*Jakobi confert Hofm.-Sz. 555sq.*) **221** det (*ex* set?) **N** **223** haec *Buecheler*: et **N**; *cf. 2,69; Orest. 577* **225** dignius *Duhn*: -nus **N**

dum tamen infernis requies detur et bona uiuis
praestetur de morte salus ac pace fruantur
aëris innocui caelum mare Tartara tellus,
unde genus ducis. morti licet illa sepulchrum
comparet, omen erit, si reddat Troia tributum,
Troia uel Danais uectigal funera praestent.

228 Tartara *Duhn*: -rea **N** *post* tellus *graviter dist. Duhn, al.* *post* **231** Exp. deliberatiua Achillis deliberantis | an Corpus Hectoris uendat *subscr.* **N**

X

MEDEA

FERT animus uulgare nefas et uirginis arte
captiuos monstrare deos, elementa clientes,
naturam seruire reae, seruire puellae,
astra poli et Phoebi cursus et sidera caeli
arbitrio mulieris agi, pendere Tonantem,
quod iubeat Medea nefas, ubi mittere flammas
imperet aethereas. penetrat uox illa per auras,
cum uitas mortesque facit, cum fata retorquet
ad cursus quoscumque uelit. licet hospite caeso
seruiat et Scythicae currat per templa Dianae,
possidet astrigerum funesto pectore caelum
et superos impune premit prece nixa uirago
inuitos parere sibi. Quae carmina linguis
murmuret aut urens species quae nomina dicat,
haec uatem nescire decet. quae nosse profanum est
quod fuerit uulgasse nefas! nos illa canemus,
quae solet in lepido Polyhymnia docta theatro
muta loqui, cum nauta uenit, cum captus amatur
inter uincla iacens mox regnaturus Iason;
uel quod grande boans longis sublata cothurnis
pallida Melpomene, tragicis cum surgit iambis,
quando cruentatam fecit de matre nouercam
mixtus amore furor dotata paelice flammis,
squamea uiperei subdentes colla dracones

dracontij medea **G** *(sine tit.* **N***)* **1** arte *Peiper*: atrae **β** **3** reae **NG**^{pc}: deae **G**^{ac}*; cf. 231. 394* **4** et^1 *'an delend.?' Baehrens* cursus **β**: currus *Peiper* **5** *nota prosodiam* muliēris*; cf. 8,508* pendere] *cf. ThLL X 1,1037,43sqq. (Claud. 7,172)* **9** ∴ *infra* -q*(*ue*)* **N** hospite caeso] *cf. laud. 3,220* **10** currat] *v. ad 9,201 et cf. ThLL IV 1512,13sqq. (Chromat. serm. 28,1)* **14** aut ∴urens **β** **16** quod **β**: quae *Buecheler, sed cf. Orest. 370. 584sq. 971; Sen. Oed 373 (Rossb*^{8} *846)* **17** docta **N**: -to **G** **18** muta *Buecheler*: multa **β** amatur *Rossb*^{8} *856*: -tor **β***; cf. 30* **20** boans *(supplend.* loquitur *ex 18* muta loqui*)* **β**: boat *Baehrens* **20sq.** boans ... iambis] *cf. Orest. 13sq.* **24** uiperei *Buecheler*: -eis **β**

cum rapuere rotis post funera tanta nocentem.
Te modo, Calliope, poscunt optantque sorores:
dulcior ut uenias (nec te decet ire rogatam)
ad sua castra, petunt. lauro succincta poetae
Pegaseo de fonte ueni, quo rore medullas
et sensus infunde meos. cur hospes amatur,
qui mactandus erat, uel cur mactatur amatus?

Dives apud Colchos, Phrixei uelleris aurum,
pellis erat, seruata diu custode dracone.
hanc propter pelagi temerator primus Iason
uenerat, ut rutilas subduceret arbore lanas.
ut Scytha conspexit Graiam de litore puppim
ire per undosum proscissis fluctibus aequor,
expauit, nam monstra putat: quis crederet umquam
per freta, per rabidas hominem transire procellas?
barbarus ignaro regi iam nuntius ibat,
quae noua perferret pelagus; sed callidus heros
solus Iason adhuc uento currente carina
prosilit in fluctus et litora uisa natatu
nudatus ceu nauta petit. sed Colchis alumnus
nuntius ille redit secum comitante iuuenta,
ut nossent quid puppis erat, quid uela, quid arbor.
membra uiri mox nuda uident fugientis ad undas;
quem sequitur directa manus capiuntque pauentem
et manibus post terga ligant. Tunc Iuno Cytheren,
ut uidit iuuenem Scythicas artasse catenas
et pauidos fugisse simul cum puppe sodales,
alloquitur: 'lasciua Venus, iucunda modesta
blanda potens mitis, fecunda uenustas amoris,
pulchra uoluptatum genetrix et numen amantum,

27 nec te *Vollmer (coll. 6,24)*: nocte **β**; *cf. 457sq.; Orest. 488sq.* **31** qui **G**: quae **N** *post* **31** *linea vacua* **N** **32** *de distinct. v. Rossb*^{8} *847* **39** rabidas *Duhn*: tab- **β**; *cf. 8,431; 5,73* **40** nuntius **G**: Mutius **N** **44** Colchis **β**: -us *Duhn* **45** secum] *cf. ex. gr. Heges. 1,13,3* **46** nossent (*cf. 47* uident) *Buecheler*: nosset **β** **47** ad undas **β**: ab unda *Leo, sed. cf. 51* **49** Cytheren] citherem **β** **53** uenustăs amoris **β**: uenusta decora *Ribbeck 471*

te diuum regina precor, matrona Tonantis:
est nimis acceptus iuuenis mihi pulcher Iason,
qui gelidum quondam mecum transnauerat Histrum
et nunc infelix trahitur captiuus ad aulam
Aeetis immitis forsan mactandus ad aras.
eripe captiuum, retinent quem mille catenae,
mitte pharetratum puerum, mea Cypris, Amorem,
igne tuo flammata cadat furibunda uirago,
discat amare furor, tandem sit blanda sacerdos,
templa pharetratae contemnat uirgo Dianae,
despiciat delubra deae. licet immemor exstet
religionis amor timeant nec fulmen amantes,
imperio subiecta tuo per templa per aras
te solam putet esse deam, te numen adoret,
te metuat metuenda deis, te iudicet unam,
quam mare quam tellus quam numina cuncta fatentur
esse uoluptatum dominam. quod corda parentis
flectis et exutum telo candente Tonantem
despiciat me saepe iubes nec castus Olympum
destituat, sit ut imber olor, bacchetur adulter
uel quodcumque meum placuit mutare maritum:
non queror; Aesoniden tantum peto filia regis
nunc amet et laudet; mox hunc suspiret anhelet,
quem mactare parat; soluat ceruice catenas
torpescens armata manus, cui bracchia collum
circumdent mucroque cadat ieiunus ad aras.'
finierat matrona Iouis. sic orsa Dione:
'me Venerem me, Iuno, decet me, blanda nouerca,
imperio parere tuo. quid plura loquemur?
oderunt mea castra moras.' sic fata Cythere

59 ∴ *praef.* **β** Aeĕtis *Duhn*: Aethios **G**: aethos **N**: Aeetae *Baehrens* **65sq.** exstet ... timeant *Buecheler*: -at ... timent **β**; *de* exstet = sit *v. ad Orest. 324* **70** *ante* **67** *inser. Kaufmann* **71** quod *Wolff*: quae **β**; *cf. Val. Fl. 5,628/630; Maxim. eleg. 1,267* **73** nec castus] *pro* atque incestus *(Schenkl[2] 516)* **74** destituat *Buecheler*: -et **β** **75** quodcumque **β**: quoc- *Duhn; cf. Ov. am. 1,10,8* **76** Aesoniden *Vollmer (1914)*: -dem **β** **77** anhelet *Duhn*: -at **β** **80** mucroque *Baehrens*: mucro **β**: et m. *Duhn*

quaerit amoriferum per tota rosaria natum:
ille deas ponti telo flammabat in undis
maternis submissus aquis. Hymenaeus ad illum
mittitur. hunc fluctus produnt fumantibus undis.
ut pelagus caluisse uidet, 'hic aliger' inquit,
'hic latet Idalius. sed non latet, aequora feruent:
agnosco stridere fretum, ceu Phoebus anhelos
oceano demergit equos, cum nocte propinqua
luna uenit stellante polo pendentibus astris.
huc ades, o lasciue puer, te mater ubique
quaerit et e cunctis uestrum me misit alumnum,
ut uenias parcente mora.' sic fatus. at ille
fluctibus e mediis surgens rutilante capillo
excussit per inane caput, quatit impiger alas,
ut pinnas desiccet aquis: micat ignis ut astra
plausibus excussus pueri; per cuncta uideres
scintillare diem, uolitant super aequora flammae.
sic, ubi puniceos rutilans Aurora capillos
pectinat ante diem, quae mox perfundat Eoum,
Phoenix, sola genus, senio lassata uetusto,
cinnama cui folium nardi tus balsama amomum
informant post saecla pyram reditura, sepulchrum
conscendit fugitura rogos et uerberat alas
ut flammas asciscat auis (sic nascitur ignis
ante ipsam ambrosios iam consumpturus odores):
sic puer Idalius spargebat plausibus ignes:
piscis aues armenta pecus fera pastor anhelant
flammigero surgente deo. uolat inde per altum.
iam uolucer non udus erat: quocumque propinquat
aut ubicumque fuit, blando feruore uaporat;

94 huc **N**: huic **G** **96** parcente mora] *i. q. 'sine mora', v. Rossb*[8] *847* **99** ut astra **β**: ad *(vel* in *Baehr*[4] *270)* astra *Baehrens (Val. Fl. 8,333), sed cf. ros. 8; Ov. met. 1,498; Macr. sat. 5,14,7* **100** excussus **G**: -is **N** **103** perfundat **β**: -et *Duhn; cf. Catull. 64,330* **105** cinnama *Duhn*: cminma **G**: *om. in spatio vacuo* **N** nardi *Zw.*: -um **β** **107** fugitura *Zw.*: fuctura **G**: factura **N**; *cf. laud. 1,655* **108** sic **β**: sibi *Schenkl*[2] *521* **109** ipsam *Baehrens*: alitem **N** *('e glossa' Baehrens)* **113** uolucer *Duhn*: -crer **β**

quem sequitur uernalis odor: uia pulchra rosarum
tenditur et uiolas pallentes candida peplo
lilia distingunt ac florea semita crescit,
persulcans per inane polos micat orbita florum.
Cypris odoriferos sensit fraglare uolatus:
'natus adest' inquit; 'multis iam spargitur aër
floribus, ambrosio totum respirat odore'.
dum loquitur lasciua Venus, uenit ecce Cupido
fessulus et gremio matris libratur anhelans,
quo sessurus erat. quem protinus illa uolantem
occupat et crines componit mater Amori
ac puerum complexa fouet dans oscula nato.
sic blandita iubet: 'Pyrois, mens ignea mundi
atque uapor fecunde poli, successio rerum,
affectus natura genus fons auctor origo,
tu uitae fecunda salus, tu blanda uoluptas,
tu princeps pietatis, Amor, te praeduce mundo
alternant elementa uices et non perit orbis,
cum pereant quaecumque ⟨creat⟩, nec sentit ademptum
successu redeunte nouo. uenit ecce nouerca
in manibus iam Iuno meis supplexque precatur,
quae fuerant optanda tibi: Medea sacerdos,
sacrilega quae uoce solet compellere caelum,
inuitos accire deos, urguere Tonantem,
dum precibus elementa quatit mare sidera terras,
naturam turbare simul, tua tela medullis
excipiat (hoc Iuno petit) iuuenemque Pelasgum
diligat optet amet cupiat suspiret anhelet.
sollicitus tamen ista para cautusque memento:
Medeam fixurus eris.' sic fata Dione.
risit Amor matrisque sinu se subtrahit ales;
spicula saeua legit, quibus olim Luna per umbras

118 persulcans **G**: -ltans **N** **119** fraglare **N**^{pc}**G**: flagl- **N**^{ac} **127** ℞ *praef.* **β** Pyrois] Pirois **β** **132** uices **NG**^{pc}: duces **G**^{ac} **133** ⟨creat⟩ *Buecheler (cf. 203; 2,47; laud. 1,412)* **135** precatur *Baehr*^{4} *271*: uocatur **β**; *cf. 12sq.* **136** optanda] *cf. 141* (petit) *et comm. ad 2,28sq.* **139** precibus] *syll. clausa producitur in arsi (in caesura), v. ad 5,35*

pastorem flammata tenet nec sustinet ignes
Luna Cupidineos, Solis quae sustinet orbem
et fratris radiis conceptus lucis adoptat.
'hoc' ait ignipotens 'telo Medea crematur,
quo Scythicam succendit Amor, dominaeque sagittas
excutiam per templa uolans, et uirgo cruenta
approbet hos arcus dominae plus posse pharetris.
namque Diana feras, ceruos et figere dammas
adsolet: hoc telum reges et numina figit.'
    Quattuor interea niueas adstare columbas
Cypris amoena iubet: roseis frenantur habenis,
candida puniceis subduntur colla rosetis
(nam iuga sunt compacta rosis), fert dextra flagellum,
purpura quod mollis, tenuis quod sericus ornat.
iam uolucer conscendit aues et blanda Voluptas
it comes, Amplexus ueniunt, Hymenaeus adhaeret,
Gaudia concurrunt, Risus atque Oscula pergunt.
nam licet Idalias sociarint frena columbas
et iunctae per cuncta uolent, tamen impiger ales
nunc hanc nunc illam residet gaudetque iugales
iam releuare suas et se pensare uolatu
(sublatum propriis persentit in aëra pinnis
aurigam quadriga uolans) iterumque columbas
appetit et pharetris contrudit dorsa uolantum.
    Horrida per Scythicas glacies stat barbara Colchis
et iam bruma rigens Arctoi tristior axis
torpebat concreta gelu ⟨· · · · · · · · · · · · · · · ·
· · · · · · · · · · · · · · · · · · · ·⟩ et pinniger audax,
et magis accessu pueri plaga maesta serenat
aduentum testata dei: mox taetra fugantur

151 quo *Duhn*: quos **β**   sagittas *Zw.*: fauillas **β** *(Jakobi conferri iubet 6,28)*   **152** excutiam **G**: excipiam **N**   **154** et figere *Buecheler*: effi- **β**   **167** se pensare] *i. q.* se suspendere, librare *(ThLL X 1,1112,70sqq.)*   uolatu *Buecheler*: -tum **β**   **170** contrudit *Zw.*: concludit **β**: contundit *Peiper*   **171** Horrida *Zw.*: Nondum **β**   **173** *locus desperatus:* † torpebat coacta gelu † *Diaz*: *lacunam post* gelu *indicavit Kaufmann (crucem ante* et *posuerat Vollmer [1905])*   torpebat⟨que⟩ *Vollmer (1914)*   concreta *Buecheler*: cŏacta **β**: conpacta *Baehr*^{4} *271*   et **β**: it *Buecheler*: set *Baehr*^{4} *271*

nubila, caeruleos excludit flammiger imbres.
impia iam Colchis, iam saeuior ara Dianae
coeperat ostendi: iam tunc mandante tyranno
ecce trahebatur ceu taurus pulcher Iason,
quem sequitur Medea nocens urgetque ministros
nudato mucrone furens. delubra subibant
iamque propinquabant aris. sed numen amantum
furtim templa petit: sonuerunt tela pharetris.
exultat gauisa nimis Medea sacerdos:
telorum strepitum castae putat arma Dianae
increpuisse tholo, credit sua uota sacerdos
ante preces audisse deam. mox numen adorans
'omen adest' inquit, 'Triuiam te, Luna Diana,
confiteor perstans, heres Proserpina mundi;
nam tria regna tenes: tu caelo Cynthia regnas,
uenatrix terrena micas, capis atria Ditis,
tempora distribuens signis et cursibus apta:
iam grates audita loquor. iacet hostia templis
per fluctus aduecta tuis.' sic fata per aras
uirgo cruenta molam perfert. at mystica nutrix
fessa licet tremebunda gemat, tamen ipsa iacentem
tendere colla iubet uel pectora prona supinet.
ergo peregrinus cum iam uersatur Iason,
forte oculos per tecta leuat: uidet ecce uolantem
atque salutantem puerum. sed nauta precatur
murmure sollicito: 'numen, quod mundus adorat,
si caelum, si terra tui sunt, alme, triumphi

178sq. iam tunc ... ecce] *cf. Mart. Cap. 2,116 v. 1 / 117 init.* **179** ceu taurus *Buecheler*: centaurus **β**; *cf. 5,138* **180** ministros *Buecheler*: -as **β**; *cf. 261* **182** sed *Buecheler*: sic **β** **185** *pro* telorum ... Dianae *in ipsa linea exhibet versum 187* ante ... adorans *postea expunctum et suo loco repetitum, versu 185 in marg. ṣuppleto* **N** strepitum **β**: -tu *Schenkl*[2] *521* **189** confiteor *Duhn*: confidit ëö **β** **190** tenes **N**pc**G**: tenens **N**ac **191** terrena micas] *sc. 'ut facie lunae in caelo, sic armis in terra micas'; cf. Verg. Aen. 12,654* (fulminat ... armis) **192** signis *Gil 166*: regnis *(ex 190)* **β**; *cf. 388. 396sqq.; laud. 1,217–220* apta **G**: acta **N**: aptans *Hudson-Williams 97 (coll. laud. 1,217sqq.; 3,5)* **196** tremebunda gemat] *cf. 310; satisf. 229*

uel quidquid natura creat, si sanguinis expers
mortis et infaustae, sed sunt tamen hostia flores
matris et insertae pendent per templa coronae
sanguine uirginei tantum contenta pudoris:
eripe me his, inuicte, malis. ego uictima seruor,
atque utinam seruer, iaceo feriendus in aris.'
audiit ignipotens (hominum nam murmura sentit)
et ridens gauisus ait: 'pirata decore,
quid metuis, quem fata manent, cui uita superstes
restat adhuc, quem regna petunt aurataque pellis
imminet et coniux dabitur Medea sacerdos?
sed memor esto mei, ne te fortuna superbum
reddat et incipias iterum ceu nauta uenire.'
dum loquitur pinnatus Amor, iam uirgo leuabat
destricto mucrone manum. captiuus Iason
exclamat: 'succurre Venus, succurre Cupido:
iam ferior, Medea ferit.' sic fatus. at ille
ignea sidereo componit spicula neruo,
misit arundineum per flammea cornua ferrum,
stridula tela uolant: rapiunt praecordia flammas,
corda calent oculique labant, suspiria rumpunt,
marcida funereum laxauit dextera ferrum.
sed nutrix mirata moras 'dic, uirgo, quid haeres?'
increpat, 'ecce feri. fibrae rapiantur et exta,
consultum det fata iecur. Medea moraris?
occidimus: torpescit iners antistita Phoebes
permixto pallore rubens, non lumina uibrat,
non furit aut tremuli strident in murmure dentes.

203 sanguinis expers] *sc.* est hostia *(supplend. ex 204); cf. Orest. 91sq.* **204** sed **β**: si *Rossb*^{2} *478* tamen **β**: tantum *Buecheler, sed v. 206* **206** sanguine ... contenta] *cf. Orest. 92. 130* **207** me **G**, *om.* **N** ego **G**: ergo **N** **208** seruer *Duhn*: -ar **β** iaceo *(ex* iaceor **N***)* **β**; *cf.* 193 **211** cui *Buecheler*: cum **β** **212** ∴ *praef.* **β** aurataque pellis *Deufert*: cui pellis aurata **β**: cui pellis et aurum *Jakobi (cf. 32sq.)*: cui pellis inaurata *Vollmer (coll. hypermetr. Verg. Aen. 6,602)* **215** reddat ... incipias *Buecheler*: -et ... -es **β** ceu nauta uenire] *cf. 18. 34sq. 44* **226** rapiantur *Buecheler*: -untur **β** **228** torpescit *Buecheler*: top- **G**: tep- **N** antistita *Duhn*: antistia **β** **230** tremuli *Duhn*: -lis **β**

cur homicida uacas et stas rea? sed rea non es,
si fueris homicida magis. cur explicat artus
aut tangit cur saepe caput, quid spirat hiatus
oris et ad zonam digiti mittuntur inermes?
an magus est pirata iacens et sacra Dianae
murmure sollicito prohibet soluitque profanus?'
dixerat et gladium dextrae reuocabat inerti
impia turpis anus. rursus conclamat Iason:
'uictima sum, pereo: iugulis male mucro minatur.'
pinnatus subrisit Amor rursusque sagittas
iecit et ardentis nutantia corda fatigat.
  aestuat interea sacris repetita sacerdos
ignibus. effatur: 'non est haec uictima digna:
non torta ceruice iacet, male palpitat artus,
erigit impatiens et saucius ante dolorem:
sanguine membra carent; iam non erit hostia grata,
quae sicco mucrone cadet.' conuersa sacerdos
ad iuuenem: 'dic, nauta fugax, pirata nefande:
est consors matrona decens an caelibe uita
degis adhuc nullumque domi [tibi] pignus habetur?'
'solus' ait captiuus 'ago: mihi pignora nulla
coniugis aut subolis.' dictis gauisa uirago
blanda refert: 'uis ergo meus nunc esse maritus?'
'seruus,' Iason ait 'tantum ne uita negetur
te precor et dominam fateor.' sic fatus. at illa
rumpit uincla iubetque uiro suspendat ab aris.

231 et *Buecheler*: sed **β** **232** fueris *(ex* -it G*)* **β** **234** inermes **β**: inertes *Baehrens* **235** iacens **NG**^{pc}: nocens **G**^{ac} **237** dextrae reuoc.] *cf. 5,4* **243** effatur] *cf. 8,188. 233* **244** palpitat artus] *v. ad 5,281* **245** erigit] *intrans. vel reflex., cf. Orest. 869* (erectus*)* saucius] *cf. Orest. 876* **246** sanguine ... grata] *cf. Orest. 881* **248** dic nauta *Duhn*: dignata **β** **250** tibi *Duhn*: *om. (in lacuna fere trium litt.)* **β**; *cf.* 251 *(*mihi*)* **251** ago *Rossb*^{8} *857*: ego **β** **256** ∴ *praef.* **β** rumpit **β**: -pi *Vollmer; cf. Eur. Iph. T. 1333sq.* iubetque uiro suspendat *Buecheler (de constructione cf. Orest. 77)*: iuuenisque uirgo *(cf.* uirgo *in 152. 195. 216. 225,* uirago *in 252)* suspendit **β**: uiri quae tunc -it *Baehrens*: umeri quae uir -it *Speranza 169sq.*

ut facinus purget proprium, uocat ipsa maritum
uestibus indutum Tyriis, quas sericus ambit
mollis et in medio fuluum distinxerat aurum,
blattea puniceo radiabant stamina filo.
expauit nutrix, omnes stupuere ministri.
    at puer ignipotens uictor per templa triumphat,
nudus ludit Hymen, mollis Lasciuia saltat,
blanda Libido coit, simplex Affectus inhaeret,
ludicra puniceis resonabant Oscula labris,
dant faciles plausus Concordia Gratia Lusus:
sponsus Iason erat gaudens et sponsa sacerdos!
ad thalamos post templa ruit. tunc pronuba Iuno
adfuit et grates Veneri facunda canebat.
ecce triumphantes Ingratia dura iugales
consequitur, gressus consors Obliuio iungit.
    Marcidus interea domitis rediebat ab Indis
Liber, anhelantes residens post proelia tigres;
quem sequitur iucunda manus saltare parata
ebria pampineis miscens uestigia thyrsis.
sensit amoriferum Scythicam fixisse sagittis
et uolucrem puerum populatum templa Dianae:
'illo iam gressus' dixit 'conuertite, tigres:
estis opus, mea turba, deo. properate, ministri:
pinniger Idalius minor est sine munere nostro'.
dixerat et Scythiam uacuus iam sponte petebat:
iam uenit ad Colchos, iam se Semeleia iungunt
agmina, Bybliades saltant Bacchaeque rotantur.

ad **257** *Th. Gärtner (200) adduxit Ov. met. 7,69sq.; Verg. Aen. 4,172*   facinus] *cf. 292sq. 303sq. 417–420* (crimen)   uocat ... maritum] *cf. Orest. 411* **258** indutum **β**: induitur *Baehrens (Orest. 305); cf. 8,482; laud. 3,72; Ov. met. 5,51*   quas **NG**^{pc}: quam **G**^{ac} **260** blatea *(cum signo ·/ supra* a^{1}*)* **β** radiabant **G**: -bat **N**   **266** lusus **β**: Risus *Rossb*^{8} *857, sed cf. Mart. 11,13,4; Petr. frg. 41,3 Müller*^{4} *(= AL 74 SB)*   **268** ruit tunc *Buecheler*: ducit et hunc **β**: ruunt tunc *Baehrens*   **269** Veneri *Duhn*: -is **β**   **271** consors **G**: -cors **N** **275** ebria ... thyrsis] *cf. Claud. rapt. Pros. 1,19*   **280** munere **G**: murmure **N** **281** uacuus iam] *sc. 'Indis iam domitis', cf. 272 et Stat. Theb. 9,47; Sil. 2,420* sponte petebat] *cf. 4,47; 5,65*

Venatu interea rediens delubra petebat
plectriferi germana dei mirata repente
quod sileat templum, subito quod sparsus ubique
ambrosius sic fraglet odor; sonuere per aures
fescennina deae: 'pulchrorum uota geruntur,
iungitur Aesonidi fulgens Medea marito'.
erubuit doluitque simul: 'non omine fausto
coniungatur' ait 'nec prospera flammea sumat:
displiceat quandoque uiro, cui turpiter audax
sacrilegus processit amor. sed iustius opto:
perfidus egregiam contemnat nauta iugalem,
dulcior affectus uel amara repudia mittat;
funera tot uideat, fuerint quot pignora, mater,
orba parens natos plangat, uiduata marito
lugeat et sterilem ducat deserta senectam;
aduena semper eat, se tanti causa doloris
auctorem confessa gemat.' sic fata Diana
tristis abit; delubra tacent, sacraria maerent,
sanguine templa carent, nutrix tamen atria tantum
templorum seruabat anus, haec anxia crimen
uirginis et raptum deflebat maesta pudorem:
qualis in exhaustis per sordida tecta ruinis
strix nocturna sonat rostro stridente per umbras;
qualis et horrendus funesto carmine bubo
conqueritur deflenda gemens, dum tristia maestus
funerea sub nocte canit, sic anxia nutrix
ingemit et tremulas diffundit maesta querellas.
Nuntius interea maesto uolat ore satelles
ad regem subuectus equo natamque tyranno
indicat ignoto passim nupsisse marito.

288 pulchrorum] *cf. 7,2 (*nobilium thalamis*); Catull. 3,2* **293** processit] *velut in pompa nuptiali, cf.* flammea *(291); v. ThLL X 2,1500,31sqq.* **294** nauta *Duhn*: nata **β** **295** *nota prosodiam* repŭdia **296** mater **N**: matri **G** **298** deserta senectam *Zw. (duce Rossb[2])*: per secula noctem **β**: per saecla senectam *Rossb[2] 478; cf. Paul. Nol. carm. 6,34; Ov. epist. 9,154; CE 369,3* **299** se *Duhn*: sit **β** **301** *signum ∴ duob. lineolis deletum praef.* **β** abit *Duhn*: abijt **β** **302** tamen ... tantum] *coniunctio abundans, cf. Hofm.-Sz. 526. 496* **305** exhaustis **β**: exustis *Ross[8] 857* **307** bubo *Buecheler*: bufo **β**

expauit genitor: sic quondam tristis Agenor
concidit Europae senior fraudatus amore,
cum nesciret adhuc generum meruisse Tonantem.
[· · · · · ·] numen pietas iniuria regnum
[· · · · ·]unt franguntque uirum, iubet arma ministris
[· · · · · · ·], nam fama ducem rapiebat in enses.
cum poenas mortesque parat, uenit Indus ad aulam
Liber et egregia compressit uoce furentem:
'sic tibi, rector,' ait 'mentem possedit inanis
religio? sic pignus amas ut tela parentur?
qui furis, exspecta dulces de prole nepotes.
uirginitatis onus melior tolerare sacerdos
non potuit; feruescit amans et casta Diana
pastorem confessa uirum.' haec Liber agebat.
mulcentur iam corda ducis natamque tyrannus
purgat et extemplo Medeae laudat amorem:
sic meruit ueniam generum confessus Achilles,
sic pater ignouit Lycomedes pectore natae
et Pyrrhum suscepit auus gremioque nepotem
fouit et ad Troiam post crimina misit Achillem.
    ut Scytha mollitus blanda pietate tepescit,
mox iubet ut generum uel pignus regis ad aulam

316 nesciret **G**: -isset **N** *in versuum* **317–319** *initiis spatia 11 fere litt. vacua sunt relicta in* **β** **317** [ira dolor] *Buecheler* regnum **β**: regni *Duhn* **318** [concuti]unt *Buecheler* **319** [expediant] *Vollmer,* [coniugii] *Buecheler* rapiebat **N**: -bant **G** **324** qui **β**: quid *Buecheler, sed cf. Sidon. carm. 7,281* **325** melior] *cf. Orest. 12. 605* **327** *hiatus in caesura ante* h *etiam in 565, Orest. 216. 289. 894. 947* agebat *Buecheler*: aiebat **β** *(contra metrum); cf. Stat. Theb. 5,129 (*agebat | pluribus*); v. ad Orest. 85* **329** extemplo] ex templo **β** **331** ignouit *Duhn*: innotuit **β**; *cf. Stat. Ach. 1,903* **331sq.** pectore natae et] *intellege:* et de pectore natae *(cf. 370* stratis rapitur*: abl. separ.)* **333** post crimina] *sc. 'quamquam iniuriam Deidameae inlatam luere debuit', cf. Stat. Ach. 1,903–912; silv. 3,1,42; laud. 2,669* Achillem *Rossb*[1] *18sq. (coll. Stat. Ach. 1,894; Verg. ecl. 4,36)*: Achillis **β** **334** tepescit *Buecheler (cf. 8,349; Orest. 583)*: mitescit **β** *(contra metrum, cf. mens. 21)* **335** pignus] *cf. 323*

deposito terrore rogent. tunc regia lauro
cingitur et postes soceri pia serta coronant.
mox thalamos subiere pares: laetatur Iason
sponsus et in castris Veneris Medea triumphat.
Quattuor interea Phoebus transegerat annos,
sed natos Medea duos fecunda marito
ediderat, cum nocte iacens suspirat Iason
nec gemitus latuere magam: 'quam, callide, fraudem
quodue nefas moliris?' ait 'non fallis amantem.
dulcia saepe uigil contrectans pectora coniux
agnoui, quia furta paras, quia mente fugaci
infaustum quodcumque cupis. secreta polorum
cognosco, si morbus erit, si bella parentur,
si pluet aut flamma caelum rutilante coruscet:
et tu Medeam credis quia fallis, Iason?'
tunc sic Aesonides stimulet quae cura medullas
indicat et pellis causas uel tempore tanto
quod lateat socios, quia iam sic regnat amicus,
consumptum quem morte putant planguntque parentes:
'optarem reuidere meos iterumque reuerti
ad thalamos, regina, tuos, monstrare Pelasgis,
quid coniux, quid pacta ualent.' Medea marito
'iam pariter pergamus' ait; 'sic aurea pellis
tollatur, lateant uastum ut mea facta draconem.'
dixerat et stratis rapitur sub nocte silenti.
astra uocans et signa ciens iubet illa Soporem

336 deposito **β**: eiecto *Baehrens (v. infra), sed cf. Sil. 15,493; Paul. Petric. Mart. 6,291; Ov. epist. 18,57* lauro] *var. lect.* electro *in marg. add.* **β** *('quod est varia lectio [sc.* eiecto, *ut scripsit Baehrens] non tam ad* lauro, *quam ad ineptum illud* Deposito' *Baehrens)* **338** laetatur *Buecheler*: -tus **β** **341** sed **β**: et *Baehr^{4} 271* **343** nec *Duhn*: ne **β**; *cf. Verg. Aen. 1,130* **349** caelum *Buecheler*: -lo **β** **351** cura *Buecheler*: forma **β**; *cf. Claud. 5,326 et eandem versus clausulam in Catull. 66,23; Ov. am. 2,19,43* **354** quem *Duhn*: q̈(ue) **β** **355** optarem̈ **β** **357** pacta *Ribbeck 471 (coll. 479)*: fata **β**: uota *Buecheler; cf. Sen. Phoen 462* (pacta … ualent) **359** tollatur *(cf. 3,15)* **β**: tollitur *Duhn (ordine verborum servato)* lateant uastum ut *Vollmer*: ut lateant uastum **β**; *de synal. cf. 7,157; laud. 2,131. 669; satisf. 51. 305* facta *Duhn*: fata **N**: sata **G**

in nemus ad pellem uel templum Martis abire.
dormierat serpens: pellis subtracta marito
traditur, et pariter fugerunt fratre necato.
accipiunt natos et singula pignora portant.
  Ventum erat ad Thebas, pellis datur aurea regi.
miratur rex ipse Creon, laudatur Iason,
quod freta quod terras sic felix praedo uagetur.
regis nata decens fuerat pulcherrima Glauce,
iam cui uirginitas annis matura tumebat;
haec ubi conspexit iuuenem, flammata nitore
aestuat et laudans alieni membra mariti
optat habere uirum, sonuit genitoris ad aures.
tunc rector Thebanus ait: 'si Iuppiter auctor,
si Lachesis, si fata iubent, nil ipse morabor.
progenies mea turpe cupit: Fortuna fauorem
praestet et innumeri laudent per saecla nepotes.
uirgineo dabitur pellis cum dote pudori.'
finierat senior. uotum cognouit Iason
et grates electus agit. praecepta tyrannus
diffundit per regna nocens, inuitat iniquus,
ut ueniant ad uota duces. dum festa parantur,
cognouit Medea nefas nec tardius illud
credidit; ingratum nam senserat ipsa maritum.
  ante diem tamen illa dolens, cum cerneret aulam
et regis feruere domum, dum magna parantur
prandia (uenturi mittebant praemia reges),
signorum cursus et plenae cornua lunae
captabat Medea furens: iam clauserat orbem
Cynthia sidereis transcendens saltibus astra.

362 in *Baehr^{4} 271*: ad **β**; *cf. Verg. Aen. 4,118; Ov. epist. 4,41* **365** accipiunt **β**: arrip- *Baehr^{4} 271* **366** uentum ... Thebas] *cf. Stat. Theb. 2,65* **370** tumebat **G**: tim- **N**; *cf. laud. 1,384; Claud. carm. min. 25,125sq.* **372** ∴ *praef.* **β** aestuat *Duhn*: aestum **β** *ad* **374–378** *cf. satisf. 19sq. et Stat. Ach. 1,912–920* **376** turpe cupit] *cf. 292; Verg. Aen. 4,194; Sen. Ag 135* **380** electus agit **NG^{pc}**: elatus ait **G^{ac}**; *cf. Stat. Ach. 1,366* **382** festa *Duhn (coll. Ov. am. 3,13,3)*: sesta **G**: sexta **N** **384** nam *Buecheler*: nec **β** ipsa **G^{ac}**: ipse **NG^{pc}** **386** dum *Baehrens*: cum **β** **387** prandia *Buecheler*: premia **β** **390** sidereis ... saltibus] *v. ad 432*

mox Colchis se spargit aquis et sulphura lauro
cum taedis fumans purgabat membra sacerdos
et campum secreta petens, ubi mille sepulchra,
⟨ad⟩stabat deiecta oculos, confessa reatum,
et Lunam manibus tensis cum uoce precatur:
'astrorum princeps, signorum gratia fulgens
et caeli stellantis honos, caliginis hostis
ac nocturnorum triplex regina polorum
atque tenebrarum splendens patrona mearum,
cui cancer domus ⟨est⟩, hora clarissima mundi,
bracchia contorquens stellis, quae mense peragras
quod Phoebus radians toto uix explicat anno,
corporis et dominam uerax quam turba fatetur,
tu nemorum custos, tu mors pinnata ferarum
(ursus ceruus aper pantherae damma leones,
retia cum ueniunt aut cum uenabula uibrant,
ante necem tua praeda iacent); te tertius heres
participem regni, consortem iuris amari
optauit mundumque dedit tibi dona secundum
(sub tua terribiles rapiuntur sceptra tyranni,
diues pauper inops raptor pirata sacerdos
aduenient sub lege pari, non sorte sub una:
tu punis post fata reos et uiscera saeuo,
Persephone, das nostra cani), post regna barathri
quae uultum mutare soles uisura Tonantem:
da ueniam, Medea precor: cum clade suorum
non decet ira deos. mereor pro crimine poenam,
te feriente tamen, non ut mendicus Iason
sit uindex, regina, tuus, qui criminis auctor
ipse fuit: miseram solus non puniat, oro,
qui mecum feriendus erat; cuicumque iubebis,
colla paro, feriat: tantum ne uirgo Creontis

391 sulphura **β**: -re *Baehrens* (adusto *pro* lauro *substituens*) **394** ⟨ad⟩stabat *Buecheler* **400** ⟨est⟩ *Duhn* hora *Housman (Class. Pap. II 811sq.)*: ora **β** **401** quae *Duhn*: q(ue) **β** **410** terribiles *Vollmer (1914)*: -is **β** **421** erat **β**: erit *Baehrens* **422** colla paro] *cf. laud. 3,112*

discidium pariat nautam ductura maritum.
exaudi famulam: dolor est, non zelus Iason.
quinque dabo inferias (sat erunt pro crimine nostro)
illustres animas: niueam cum Iasone Glaucen,
mortibus amborum regem superaddo Creonta
et natos miseranda duos mea pignora supplex
offero, sacrilegos nostro de corpore fructus,
ne prosit peccasse mihi.' sic fata sacerdos
suspexit non ire polos nec Luna uidetur
sic tauros urguere suos, sed cursibus astra
ignitis responsa dabant. Gauisa sacerdos
uertit ad infernum gemitus regemque barathri
secura iam uoce ciet Furiasque precatur:
'impie rex Erebi, qui formidabile regnum
mortis habes, quem terra premit, qui funera mundi
excipis et tantis non exples luctibus aulam;
anguicomae uos quoque deae, quibus – impius horror! –
turpia uipereae funduntur membra cerastae
(plurimus ora tegit pendens de uertice serpens
et sinuant orbes per pallida colla dracones):
si manibus laniata meis mala uictima uestros
ad manes peruenit homo, si uiscera matris
uos propter scindens homines in uentre necaui,
nunc nostras audite preces. regnator Auerni,
crastina cum Glauce ueniet nuptura marito,
mox Furias admitte tuas; properate, sorores
Tartareae: Thebis iterum iam uota geruntur;

423 pariat *Duhn*: parat **β**; *cf. Lucr. 1,220* **425** dabo **N**: dabos **G** inferias] *praedicative, cf. Orest. 600* erunt *Duhn*: erint **β** **426** animas *Duhn*: -mae **β**; *cf. Verg. Aen. 6,758; Iuv. 4,152* Glaucen] -em **β** **431** ire *Rossb*[1] *19 (coll. Lucan. 6,465)*: iure **β** **432** cursibus **β**: crinibus *(cf. 472) Baehrens (cui adstipulatus est Schetter 320*[22] *coll. Avien. Arat. 1687sqq.); cf. 390* saltibus *et Rust. Help. benef. 9* ignescere cursu **436** impie *Duhn*: iam pie **β** **436sq.** formidabile r. mortis] *ex Stat. Theb. 4,473sq.* **437sq.** funera ... luctibus] *cf. Orest. 217* **439** quŏque] *cf. 8,637* impius horror] *appositive ut laud. 3,591; Lucr. 3,1034; Stat. Theb. 5,505* **440** membra] *sc.* Furiarum; *cf. Claud. 3,96* (mollia ... membra, *sc. Rufini); Verg. Aen. 7,353*

currite, per thalamos Iocastae frater et heres
coniungit natam. gens ⟨haec⟩ est uestra: dicauit
452 mortibus impietas, affectus funera praestant.
454 uirginitas si casta placet, retinere pudorem
455 si libet et numquam contagia blanda mariti
456 quaeritis, innuptae nuptam exhorrete sorores.
453 cur mora? nam nihil est quod non me exaudiat umquam.
457 si Furias saeuire precor nec sponte nocetis,
non estis Furiae: nomen mutate domosque,
ponite serpentes, alienas reddite flammas
et puerum Veneris, quem iam tempsistis, amate.'
   dixerat et terra spatium tremibunda ciebat:
quo steterat Medea loco, telluris hiatus
finditur. attonitas inclinat cautior aures
et surgens 'audimur' ait, 'nam terra tremescit,
uerbera plaudentum resonant per inane sororum,
sibila uipereis uibrant sub dentibus angues.
res melior tempusque monet redeatur ad urbem.
ante tamen fluuio corpus mergatur et undis.'
quod maga digrediens mox perficit et petit urbem.
   Exilit interea tecturus Lucifer astra
puniceo praeuectus equo rutilusque micansque
concusso de crine iubar diffundit in orbem
flammigeri roseas praecedens solis habenas:
coeperat aula ducis strepitu resonare clientum.
iam Phoebus scandebat equos et luce rubebat

450sq. per thalamos ... coniungit] *i. q.* thalamis coni., *cf. Cypr. Gall. iud. 28; Mar. Victor aleth. 2,348sq.* **451** gens ⟨haec⟩ *Buecheler*: genus **β** dicauit *(sc. olim, cum Iocasta nupsit Oedipodi) Baehrens*: -bit **β** **452** praestant *(sc. nunc)* **β**: -ent *Buecheler* **453** *post* **456** *transp. Zw.*, **454–456** *post* **460** *inserend. censuerat Schenkl*^{2} *521* **453** quod **G**, *om.* **N** non me *Duhn*: me non **β** umquam **β**: usquam *Baehrens* **457** nocetis **N**^{pc}**G**: -bis **N**^{ac} **460** amate *Duhn*: aetate **β**; *cf. 2,120; Claud. rapt. Pros. 1,226sq.* **461** spatium **β**: strepitum *Buecheler* **463** aures **N**^{pc}**G**: -as **N**^{ac}; *cf. Orest. 161* **464** audimur **N**^{pc}**G**: ad- **N**^{ac} **466** sibyla **β**, *corr. Duhn* **469** maga **N**^{pc}**G**: magna **N**^{ac} **471** praeuectus **β**: prou- *Buecheler, sed cf. Claud. rapt. Pros. 2,122* **475** rubebat *Buecheler*: ruebat *(cf. Verg. Aen. 10, 256)* **β**; *cf. 8,370; Lucan. 4,125; Claud. carm. min. 28,4*

post noctem uentura dies, iam tecta Creontis
regibus implentur, iam proxima uirgo marito
sederat et tabulas calamo sulcabat Iason:
'conuentum pactumque' sonat signat⟨que⟩ tabellas
horrida Tartareo ueniens de gurgite uirgo
Tisiphone signumque premit gauisa Megaera,
Allecto testis ceras adamante notauit:
anguibus horrendis per regia tecta flagellant.
  Interea Medea nouam formare coronam
coeperat et niueis miscebat sulphura ceris,
pix et stuppa ligat; species dat quattuor aris
mascula tura cremans, sterili suffire cypresso
cura fuit cyproque rigat, quod naufraga puppis
perdiderat; cristata manus sancire iubetur:
lambere caeruleis permisit serta cerastis.
exitiale repit mox praemia taetra uenenum,
atque aurum mentita nocens radiare corona
creditur et gemmas flores imitantur iniqui.
  Dum munus Medea parat nec munera Glaucae,
processit roseis sol mundum amplexus habenis.
at maga sulphuream ponens ad busta coronam
haec ait: 'o mundi facies pulcherrima, Titan,
naturam feruore tenens, elementa coartans,
ne dispersa fluant aut mundi machina mergat,
stelligeri iubar omne poli, quem sphaera polorum

479 *crucem (†) praef.* **β** conuentum **G**: -ectum **N** sonat *Duhn*: -ant **β** signat⟨que⟩ *Baehr*^{4} *271*: signat† **β**: signate *Buecheler* **481** Tisiphone **β**, *corr. Duhn* **482** Allectos **β**, *corr. Duhn* **483** flagellant] *absolute, cf. ThLL VI 1,835,12sqq.* **486** ligat **β**: *an* ligant? aris *Baehrens*: artis **β**: arti *vel potius* atras *Hudson-Williams 98; cf. Lucan. 9,995sq.; Mar. Victor aleth. 3,164sq.* **487** cremans **β**: -at *Buecheler* **488** rigat *Zw.*: ligat *(ex 486)* **β**; *vix* litat puppis **N**: cypris *(postea del.)* puppis **G**^{pc} **491** rĕpit **β**: rapit *Buecheler; de* e *correpta cf. laud. 1,288; Iuvenc. 1,744* **494** dum munus **β**: '*possis* munera dum' *Deufert* munus ... haec (nec *Leo)* munera **β**: funus ... haec munera *(v. 507) Baehr*^{4} *271; cf. proverbium vetus* ἐχθρῶν ἄδωρα δῶρα *(Soph. Ai. 665) et Eur. Med. 618* **495** amplexus] *cf. Claud. 1,1* **499** mergat *(sc. in chaos)* **β**: uergat *Buecheler; de* mergo *usu intransitivo v. ThLL VIII 835,50 (etiam 831,24. 39. 68; 832,79; 833,47. 76 etc.)* **500** stellig. ... poli] = *Stat. Theb. 12,565*

sustinet et prohibet rutilam plus ire per aethram,
dum contra rapis axe rotas et colligis ignes;
ipse pias animas mittis et claudis in aeuum
orbe tuo: miserere tuae, deus optime, nepti.
insidant haec serta comis et uirginis ora
digna corona premat: sint, inquam, regis in aula
munera nostra rogi, dent praemia tanta sepulchrum,
ignea mors rapiat sponsum cum paelice busto.'
sic effata minax Solis mox numen adorat.
'tempus adest, pergamus' ait. sic fata coronam
tollit et insontem fingens ad tecta Creontis
uenerat, oblata sponsae dat serta puellae:
'accipe, uirgo, libens auratam fronte coronam,
quam captiua dabo, qualem mea pignora sumant.'
dixerat et capiti, quod iam diademate regni
splendebat, fera serta locat. laudata recedit
Colchis, et infaustas uomuerunt munera flammas:
has radians nam Phoebus alit. iam creuerat ignis:
uritur ingratus usta cum uirgine nauta;
cum genero nataeque parat succurrere rector,
uritur ipse Creon; rogus est mox aula tyranni.
diffugiunt omnes, populi conuiua ministri,
saltantum fugere chori, nam festa canentes
ambusti lamenta sonant nec tympana plausu
percutiunt, sed turba gemens hinc inde lacertos
uerberat et flentes sed non sua funera plangunt.
stabat sola nocens necdum satiata sacerdos
nec secura tamen: numquam sic posse uenena

501 prohibet *Duhn*: -es **β** plus ire **β**; *fort.* transire, *sed cf. 7,83* **503** mittis] *syll. clausa producitur in arsi (in caesura), v. ad 5,35* **504** nepti **β**: -is *Baehrens (cf. Claud. 15,35* miserere tuae, pater optime, gentis*)* **507** dent *Buecheler*: dant **β** **508** busto *Duhn*: busta **β** **510** tempus ⟨ad⟩est *Duhn*: tempus ⁚ est **β** **511** insontem] *sc.* se ins., *cf. Ov. rem. 504* fingens *Duhn*: pingens **β** **513** fronte *Buecheler*: in *(praecedit* -am*)* fronte **β**: en fr. *Baehrens* **519** ingratus] *syll. clausa producitur in arsi (in caesura), v. ad 5,35* **526** sed non sua] *v. ad 494, cf. laud. 3,237*

credidit aut precibus tantum seruire furores.
 sed postquam solos quos iusserat ignis adussit,
tunc natos furibunda premit. nam Mermerus insons
et Pheretes matrem blanda pietate uocabant.
ut flammas uitare queant, infantia simplex
affectu petit ipsa necem uel sponte pericla
quaerit inops, passura necem mucrone parentis,
ignari, quae mater erat quid saeua pararet.
tunc genetrix furibunda manum suspendit et ensem
ac fatur: 'Sol testis auus, Sol Persice Mithra,
Luna, decus noctis, Furiae Proserpina Pluton:
accipe, Sol radians, animas, tu corpora, Luna,
nutrimenta animae; fundit quem mucro cruorem
sumite uos, Furiae; noctis rex exigat umbras;
spiritus in uentos ⟨ ·
· · · · · · · · · · · · · · ⟩ satis est punisse nocentes
insontesque simul. miseros hoc ense necabo,
quo genitor feriendus erat: nihil ipsa dolebo,
si ingrata maneat nullus de gente superstes.'
haec ait et geminos uno simul ense nouerca
transegit pueros. quos sic portabat ad arcem
(ut proceres uidere nefas, timuere cruentam
et doluere simul) ceu quondam baccha Lyaei
saeua caput iuuenis mater gestabat Agaue.
'his' inquit Medea 'rogis, ubi pulchra nouerca
et pater ipse Creon uel perfidus arsit Iason,
uos, miseri, commendo meis'. sic fata minorum
corpora saeua parens funestos mittit in ignes –
et currus metuenda petit: uenere dracones

529 seruire] *cf. 3* furores **β**: sorores *Baehrens (cf. 448), sed intellegendum* furores ignium, *cf. 530; Sen. Med 885sq. 817–839. 735; Hf 106* **531** Mermerus **N** *(cum signo † supra* r^2*)*: Mermerius *(cum signo † supra* i*)* **G** **532** † *praef.* **β** Pherĕtes *Baehrens*: ferentes **β**: feretus *Duhn* **533** queant *Buecheler (cf. 536* ignari*)*: -at **β** **538** ∴ *praef.* **β** Persice Mithra *Duhn*: persce mi^{ni}tra **G**: perste ministra **N** **543** *post* uentos *lacunam indicavit Duhn* **546** maneat *Duhn*: meneat **G**: me urat **N** **551** gestabat *Buecheler*: test- **β** **554** meis **β**: mei *Duhn* **556** et ... petit: uenere] *cf. 511sq.* et ... uenerat *(narratione festina)*

uiperea ceruice iubas et colla leuantes
squamea, cristato radiabant uertice flammae.
currus taeda fuit, sulphur iuga, temo bitumen
et rota cupressus, solidarat frena uenenum,
plumbeus axis erat raptus de quinque sepulchris.
occupat illa grauem funesto corpore currum,
ire furor recidens taetros simul imperat angues.
tolluntur celeres, mox e tellure leuatae
iam nutant per inane rotae hinc inde labantes,
aëra saeua petit uomitans quadriga uenena
et poterat fuscare diem, corrumpere uentos,
ni Phoebus rubuisset auus de crimine neptis
et totum meliore coma perfunderet orbem.
Saeue Furor, crudele Nefas, infausta Libido,
Impietas, Furiae, Luctus, Mors, Funera, Liuor,
linquite mortales miseroque ignoscite mundo,
parcite iam Thebis, diros cohibete furores.
inde uenit quodcumque nefas: hic Cadmus aratro
obruit infaustis crudelia semina sulcis,
unde seges ferrata micat uel Martis anheli
heu male conceptis praegnatur terra uenenis
(emicuit galeata cohors aciesque nefanda,
rumperet ensiferis cum ferrea messis aristis,
insurgunt clipeis, rapiunt simul arma phalanges

560 solidarat **N**^{pc}**G**: -abat **N**^{ac}; *cf. Lucan 8,691; Prud. c. Symm.* 2,961 **561** raptus … sepul.] *cf. Sen. Med 799* **562** occupat … currum] *cf. Ov. met. 2,150* **563** ∴ *praef.* **N** furor recidens *Zw.*: furore sidens (-ns *ex -nt* **G**^{pc}) **β**: Furor residens *(cf. 273) Duhn*: toro residens *Baehrens; intellege: post quinque funera Thebis peracta cum* furor *cecidit (vel cadit), exire iubet angues; cf. 8,428* (recidente procella*); Orest. 42* *de part. praes.* recidens *(8^{ies} apud Drac.!) hic fort. pro part. perf.* sedatus *usurpato cf. not. ad 8,538* (moriente *pro* mortuo) **564** e **β**: se *Duhn* leuatae *Baehrens*: leuabant *(cf. versum sequentem:* labantes / lauantes*)* **β** **565** *de hiatu in caesura ante* h *v. ad 327* labantes *Duhn*: lau- **β** **566** uomitans *Gil 166*: uoli- **β** **569** perfunderet *Buecheler*: prof- **β**; *cf. Paul. Nol. carm. 18,355* **571** furie *(ex* furire*)* **N**^{pc}: fuir *(exp.)* furie **G** **572** linquite *Duhn*: liqu- **β** **574** hic *Duhn*: sic **β**: ut *Baehrens (sed* ut *pro* ex quo *Dracontio inusitatum)* aratro *in textu omissum add. in marg.* **β** **576** unde *Duhn*: inde **β** ferrata *Duhn*: ferri **N**: fer̈ri *(ex* -a*)* **G**; *cf. 5,28* an̈heli **β**

mortibus alternis et mutua fata minantur
fraternumque nefas qui gessit uindicat ensis):
inde Athamas miserandus erat, miser inde Palaemon,
inde Iocasta fuit, turpis fuit Oedipus inde,
inde Eteocles erat frater Polynicis et hostis,
et Polynices inops germani morte peremptus.
  Blanda Venus, lasciue puer, Semeleie Bacche,
parcite uos saltem Thebis, quibus auctor origo
aut suboles praeclara fuit: tibi mater, Iacche,
Thebana de stirpe, tibi matertera ⟨nutrix
. . . . ⟩ Diones
Harmoniam nupsisse ferunt. pro munere Thebae
et pro tot meritis si funera tanta merentur,
crimen erit genuisse deos: iam Creta Tonantem
depositum nutrisse neget, iam Delos in undas
fluctuet et paueat partus meruisse deorum,
te Venerem freta uestra negent, abiuret Amores
Cyprus et Idalium pigeat coluisse Dionen,
Vulcanus Lemno, Iuno spernatur ab Argis,
Gorgone terribilis Pallas damnetur Athenis,
sit⟨que⟩ nefas coluisse deos, quia crimen habetur
religionis honos, cum dat pro laude pericla.

583 † *praef.* **β** Athamas *Duhn*: talamas **G**[ac]: t(h)alamus **NG**[pc] **585** Eteoclĕs *Duhn*: thocles **β** frater **N**: fratri **G** **586** peremptus *Buecheler*: terentus **β**; *cf. Orest. 717; Verg. Aen. 6,163* **587** Semeleie Bacche] -ae -ae **β** **588** saltem] -tim *Duhn*: -tis **β** auctor origo] *cf. 129* **589** Iacche *Duhn*: iacet **β** **590** tibi matertera ⟨nutrix | · · · ⟩ Diones *Zw.*: Tartara tibi diones **β**: gener tibi, Cadme, Diones *Buecheler (qui antea* tuam Thebisque, Dione *temptaverat)*: tuam Cadmoque, Dione *Baehrens*: tibi, spartarcha, Diones *Leo; cf. Ov. met. 3,313; Ibis 497; Sen. Oed 445* **591** Harmoniam *Duhn*: Armonia **β** **592** si *Baehrens*: sic **β** **594** in undas **β**: *'fort.* in undis*' Baehrens* **596** abiuret *Duhn*: adiures **β** **597** cyprus *ex* -is **β**[pc] Dionen] -em **β** **600** sit⟨que⟩ *Buecheler*: sit **β** **601** pro laude pericla] *cf. laud. 3,443sq.* *post* **601** Τέλος subscr. **β** *in imo fol. 58ʳ codicis* **N** *man. rec. add.* Antonij Seripandi ex Jani Parrhasij | testamento

ORESTES

GAVDIA maesta canam detestandosque triumphos,
uictoris pro laude necem, festiua cruenta,
funeris affectus et lamentabile uotum
coniugis Iliacae, non quae iugularet Atridem,
laurea regali rutilantia serta cruore
et diadema ducis foedatum tabe cerebri;
matris in exitium memorem oblitumque parentis,
impietate pium, reprobae probitatis Oresten,
iniustos, sed iure, deos ratione feroci
insontemque reum purgantia templa sororum
Taurica, uirginitas cui dat de clade salutem,
fraude pia melior mendax germana sacerdos.
Te rogo, Melpomene, tragicis descende cothurnis
et pede dactylico resonante quiescat iambus:
da ualeam memorare nefas laudabile nati
et purgare foro quem damna[uere sorores],
quem dolor accendit, pudor excitat, erigit ira,
mens leuat, attollunt animi, bonus impetus urget
(dat furor arma pius, pietas dat noxia ferrum)

INCIPIT ORESTIS TRAGOEDIA **B**: Horestis fabula ab enoch asculano reperta Incipit **A**; *carmen* Orestes Dracontii *inscriptum fuisse contendit Rossb*[1] *3sq.* **1** Gaudia **B**: Au- *(om. init.)* **A** **4** non **A**: nam **B** iugularet **B**: -rat **A**: -rit *dubit. Rossberg; ad rem v. 747sq.* **5** laurea *Schwabe 1sq. (Rossb*[2] *479 confert 6,12; 7,8)*: aurea **α**; *cf. Ov. trist. 2,172; Lucan. 7,42* regali **A**: -lia **B** serta **A**: seria **B** **6** cerebri **A**: -brum **B** **7** parentis **A**: pat- **B** **8** reprobae **A**: prebe **B** oresten **B** *(cf. 285; Sen. Ag 931)*: horestem **A** *(-*em **α** *in 309. 582. 643. 865. 888. 893); cf. L. Müller 459* **9** feroci **B**: moueri *(in marg.* al' feroci*)* **A** **10** sororum **α**: furorum **A**[mg.] *(constructio:* et templa purgantia insontem reum sororum, *v. Rossberg ad loc., qui confert 867. 885sq.)* **11** Taurica *(sc.* templa*) Rossb*[2] *478 (coll. 45)*: thracia **A**: tertia **B**; *cf. 5,139; laud. 3,221* cui **A** *(def. Rossberg coll. laud. 3,460)*: q' **B**: qua *Schwabe 2* **12** *om.* **A** melior mendax **B**: mendax melior *Maehly; verba taliter videntur esse ordinanda:* uirginitas ..., *sc.* mendax germana, *quae est* fraude pia ... melior sacerdos; *cf. 879. 883; 10,325 (Ov. met. 8,475)* **13** melpomene **A**: melponmen **B** **13sq.** melpomene ... iambus] *cf. 10,20sq.* **15** ualeam **A**: balem **B**; *cf. laud. 1,749* **16** *om.* **A** damna **B** *(lacunam suppl. Haase*[2]*)* **18** leuat attollunt *L. Müller 459*: lebata tollunt **B**: labat att. **A**

et medicinales quatiunt sanantque furores,
extinctos titulos uictriciaque arma sepulta,
criminis ultorem dum criminis amputat auctor
et thalami uindex thalamo spectante necatur,
ante toros iacet ille tori genialis amator.
  Ductorum ductor, regum rex dux Agamemnon
post duo lustra redux et post duo bella triumphans
Martia bellipotens referebat classica princeps
puppibus Argolicis rex Pergama uicta reportans
Iliacasque nurus et Troica germina matrum.
diuitias Asiae rex censens corde silenti
maxima fulmineo dictabat dona Tonanti,
optima Iunoni scribebat munera magnae,
apta Mineruali dona addicebat Athenae
omnibus et superis, Danais quicumque fauebant.
nescius uxoris scelerumque ignarus Egisti
dona Clytaemestrae non dignae multa parabat,
plurima subridens genitor disponit Oresti
quae aptabat pietatis amor uel origo paterna,
non tamen aequa suis meritis animisque futuris
dona uerecundae seruabat pulchra puellae.
  Interea findebat iter per caerula ponti
irato tranquilla deo recidentibus euris;

20 medicinales ... furores] *cf. 923; 7,78* sanantque *Lucarini 315*: sanare **α** **21** uictriciaque **A**: uitr- **B** **23** thalami **A**: -is **B** spectante *Rossb*^{1} *21*: srec- **B**: sec- *(e ex correctione)* **A**^{pc} **24** ante t. iacet] ἀσυνδέτως *pro* et dum ante t. iacet genialis **A**: ge^{a}lis **B**^{pc}; *cf. Sen. Ag 298; Med 1* **25** rex dux **A**: dux rex **B**; *cf. Sen. Ag 39* **26** redux **A**: relux **B** duo^{2} **A**: dua **B** **29** germina *(*ge- *ex* ga- **A**^{pc}*)* **α** **31** fulmineo **A**: flu- **B** **32** Iunoni *C. G. Müller*: -is **A**: tunonis **B** **33** apta *(vix* aequa*) Zw.*: atque *(cf. laud. 1,740)* **α**; *cf. 38* Mineruali dona addicebat Athenae *Baehrens (Maehlium secutus, qui* ampla addebat *pro* addicebat*)*: mineruales donis addebat Athenas **α**: Minerualem donis augebat Athenam *L. Müller 459 (post* Athenam *plene distinguens et in 34* haec *pro* et *ponens [*ex *pro* et *Peiper])* Mineruali/-les ... Athenae/-as] *insolenter dictum, sed cf. 350* materna nouerca *et 586* Argolicas ... Mycenas **36** dignae **A**: dicne **B** **38** paterna *Haase 36*: patena **B**: parenti **A** **39sq.** *intellege:* dona ... pulchra, non tamen aequa ... meritis **39** suis **A**: simul **B**; *cf. 6,44* *post* **42** *lacunam statuit Hagen*^{2} *'procellae subito exortae memoriam excidisse ratus' (Peiper 45)*

candida fluctiuagi tendebant carbasa uenti:
quo non cursus erat, sed quo dux impulit auster,
Taurica perducunt ad litora castra Pelasga.
imperat indomitus praedam praeire Mycenis
ipse secuturus post uota soluta Dianae.
ingreditur templum supplex, ueneranter adorat
numina casta deae. dum ferret munus ad aram
(stamina purpureum pingebant serica uelum,
pepla coruscabant uariis gemmata lapillis),
uidit Iphigeniam turibula sacra ferentem.
haeret et attonitos oculos in uirgine figit:
obstipuit pietas et mens sibi conscia praui.
agmine pro Danaum cultro feriente litatam
nouerat et similem nasci potuisse putabat.
candida uirgo tamen plus iam cognoscere patrem
coeperat: officium citius dedit ipsa ministrae,
mystica continuo sumptum uas igne repleuit;
regia uirgo cito per patria colla pependit
oscula pura petens et dans, commercia mundi;
mox imber rigat ora pius nataeque patrique.
    conticuit genitor, dum uultus gaudia plorant
et gemitu crebro singultus oscula rumpunt;
tandem uocis iter pietas reserauit et infit:
'filia, noster amor et noster, nata, reatus,

43 uenti **A**: ponti *(ex 41)* **B**; *cf. Val. Fl. 4,422* **44** dux **A**: lux **B** auster *Schwabe 5*: ester **B**: aether **A** **45** castra **α**: transtra *(v. 152) L. Müller 459, sed v. ThLL III 561,63sqq. ('metonymice': fere i. q. exercitus, milites, sim.; ex. gr. Stat. Theb. 4,663); cf. Serv. Aen. 3,519* Pelasga *C. G. Müller*: -gi **A**: -cu *(ut vid.)* **B** **49** deae **A**: dae **B** ferret *C. G. Müller*: feret **A**: ferre **B** **50** uelum *(-ú)* **B**: uellum **A** **52** ifigeniam **B**: ephi- **A** *nota prosodiam* turībula sacra *C. G. Müller*: sera **B**: sero **A**; *cf. Germ. Arat. 706sq.* **54** obstipuit **B**: -stu- **A** **55** cultro **A**: -tor **B** litatam **A**: -ta **B** **59** sumptum *Peiper*: esũtum **B**: sũmum **A**: sacrum *Haase*[2] *(cf. 52)* **60** patria **A**: pauca **B** **61** dans **A**: das **B**; *dist. Rossb*[8] *848* **62** mox **A**: nox **B** ora **A**: ore **B**; *cf. Sen. Oed 978* **64** gemitu crebro **A**: -tus -bris **B** *(coniunxit cum* singultibus *pro* singultus *[sic* **α**] *positis C. G. Müller)* **65** iter **A**: itu **B** reserauit **A**: -bit **B** **66** filia **A**: iulia **B** amor et **A**: ramorset **B**; *syll. clausa producitur in arsi (in caesura), v. ad 5,35* amor et … reatus] *cf. 54* nata **A**: nota **B**

uiuis an effigies et imago uolatilis extas?
si diuis non es sacrata morte dicata,
gaudeo; da ueniam, si corruis ense deorum.
nam uiuam te membra docent tactusque fatentur.
dic igitur, qua sorte manes a matre dirempta
ad delubra deae post aspera tempora uitae
et, quod plus miror, persoluis sacra Dianae?'
    dixerat haec genitor, cui sic est uirgo locuta:
'cum, pater, Hectoreos peteretis classibus agros,
fraudis Vlixeae formatur epistola mendax,
nomina uestra tenens, quasi iusseris ipsa uenirem
ocius ad thalamos coniux sponsantis Achilli.
credula mater erat, quae me commisit Vlixi;
nec uocor ad thalamos, sed uictima trador ad aras.
at mitis pia templa deae: miserante Diana
pro me cerua datur lugenda uicaria nullis.
sic rapior cultris et seruio turis alumna.'

67 uiuis an effigies **A**: uiu ..... ffigies *(litt. mediae macula evanuerunt)* **B** uolatilis extas **A**: isol- exta **B**; *i. q.* uol. es *(v. ad 324)* **68** si diuis non *Peiper*: sicl[.....]on *(litt. mediae macula evanuerunt)* **B**: si uiuis et non **A**: si Diti non *Baehrens*: si barathro non *Vollmer (1914)* **69–71** *bis scripti in* **B** **69** si **B**: sic **A** **70** nam] *de* nam *advers. v. Hofm.-Sz. 505sq.; ThLL IX 1,24,29sqq.* docent tactusque **A**: docen tact- **B** **71** dirempta **B**: -repta **A** **72** post aspera tempora uitae *Zw. (coll. laud. 3,687sq.;* p. ardua t. uitae *iam Peiper)*: posterarũ tempora uita **B**: post tergum brachia uincta **A**: posita per tempora uitta *Schenkl (duce C. G. Müller, qui* circumdata tempora uitta *scripserat)* **73** persoluens *(-uis Lucarini 316)* sacra *Buecheler (cf. 8,80)*: p(er) [......] sacra *(spatio 6 fere litt. vacuo rel.)* **B**: nemorali (n *ex* m) sacra **A**^{pc} **75** classibus agros **A**: -bus sacros **B** **76** ulixeae formatur **A**: ulixeueor firmatur **B** **77** uestra **B**: nostra **A**; *v. ad 100* ipsa **α**: ipse *L. Müller 460* quasi i. ... uenirem] *cf. Ov. met. 4,111* (qui i. ... uenires) uenirem **A**: -re **B**; *v. ad 10,256* **78** achilli **A**: a^{cil}lis **B**^{pc}; *v. ad 426* **79** quae **A**: quẽ **B** ulixi **A**: uliati **B** **80** aras **A**: oras **B** **81** at mitis *Rothm*^{1} *6*: et mitis **A**: et mitis at **B**; *cf. 5,139* deae ... Diana **A**: de ... dianae **B** **82** datur **A**: -us **B** lugenda *Rothm*^{1} *6*: luc- **B**: ducendo **A** nullis **A**: -us **B**: -i *Rothm*^{1} *6* **83** cultris **A**: -trix **B**

casibus auditis doluit gauisus Atrides;
85 qui numen ueneratus agit prece, prole reperta:
'plectriferi germana dei, Letoia Phoebe,
nomine tu quocumque, dea praeclara, uocaris,
88 numine mox ipso tribuis quodcumque rogaris.
93 tu rapis ex aris animas et morte parata
89 mitior exsistens, sacrum largita cruorem,
90 luctibus omissis donans lamenta parentum
(mucro sacerdotum feruet ieiunus et expers
92 sanguinis humani, contentus sanguine uili):
94 pignora redde, precor, regni post funera patri,
95 ut prosit dempsisse neci: tibi, Delia, supplex
mille dabo pecudes, ceruos hircosque suesque,
cornibus armatas lunata fronte iuuencas.
nil actum Troiae est, si non comitante Mycenas
uirgine pergo redux plangenti reddere matri
100 quam putat extinctam: uestra pietate redemptam
sentiat et uertat proprios in gaudia luctus.'

84 casibus **A**: cas bus **B** *(media litt. evanida)* **85** agit **BA**^{pc}: ait **A**^{ac}: adit *Rothm*^{2} *864; cf. ThLL I 1366,80sq.; 1391,16sqq. et v. ad 10,327* prece prole reperta *Zw.*: precepto reture *(cf. 83* turis*)* **B**: pręcepta repertae **A**: prece ture recepto *(sc.* adit*) Rothm*^{2} *864 (duce Schenkl, qui* sic ture recepto *scripserat)*: prece caespite ture *sc.* adit *Rossberg* ([ait *Rossb*^{8} *858] coll. Prud. apoth. 187; perist. 5,50)*: prece pectore ture *Vollmer* **86** plectriferi *Peiper, Rossb*^{2} *478 (coll. 10,285)*: plectrigeri (-ger- *ex* germana*)* **A**^{pc}: peletriiuri **B** (plectriger, *sc.* Orpheus *praefert Hildeb. Cen. in libr. reg. 1 prol. 76)* Letoia *C. G. Müller*: lectuia **B**: letima **A** **87** dea *Rothm*^{1} *8*: deae **α** **88** tribuis **A**^{pc} (tribus **A**^{ac}*)*: praestas **B***; cf. Ven. Fort. carm. 1,4,4 (*tribuat ... rogant*)* quodcumque *C. G. Müller*: quocunque **A**: quodque **B** *versum* **93** *post* **88** *traiecit Schenkl* **93** tu rapis **A**: iurapis **B** **90** luctibus ōmissis] *contra metrum, sed cf. Sen. Tro 924sq. et supra p. XV cum n. 2* **91sq.** mucro ... uili] *cf. 10,80. 203. 206* **91** feruet *Rothm*^{1} *8*: febret **α** expers **A**: expres **B***; cf. 10,203* **94** regni *Zw.*: regi **α**: regis *Schwabe 9sq.* post **A**: past **B** **95** dempsisse neci **A**: demsis senec **B** **97** armatas *(*-ta **B***)* lunata **α**: armata lunatas *Schwabe 10, Rossb*^{2} *479 (coll. Stat. Theb. 6,267), sed cf. Claud. rapt. Pros. 1,129; Cypr. Gall. exod. 861* **98** actum **A**: altum **B** Troiae est *C. G. Müller*: troies **B**: troes **A** micenas **A**: licenas **B** **100** uestra *(*-am **B***)* **A**^{ac}: nostra **A**^{pc}*; cf. 77. 610* **101** proprios] *i. q.* suos*; v. Rossberg ad loc.* luctus **A**^{marg}: uultus **A**: planctos **B** *(ex 99* plangenti *[*-us *Maehly]); cf. 9,51; [Hil.] Macc. 229. 271*

his precibus commota dea crudescit in iras:
auertit uultus oculos mentemque rogata.
sensit ut armipotens flammari corda Dianae,
terretur retroque pedem cum uoce coercet;
tristis ad aequoreos celerat uestigia fluctus,
puppibus impositus proscindit cursibus aequor.
Interea dum carpit iter spumantibus undis
fama Mycenaeas uolitans repleuerat oras
aduenisse ducem ditatum sorte duelli.
nec mora: praeda uenit palmatis puppibus, omnes
occurrunt oculi Danaae de turribus urbis,
moenia femineis replentur cuncta cateruis.
captiuos uisura Phryges Agamemnonis uxor
affuit, aduentus metuens impura mariti.
qua uisa cessere loco matresque nurusque:
constitit insipiens ut adultera regia coniux
118 publica planctigeris exsecrans gaudia uotis,
121 atque oculos per cuncta iacit mandante timore
120 supplicium exspectans scelerum ueniente marito
119 (anxia sollicito quatiuntur corda pauore
122 et pallor premit ipse genas feruore recenti,
attamen infelix animo uersatur adulter).
ast ubi non uidit descendere puppe tyrannum,
impunita putans sua crimina posse manere
gaudet et internae mentis secreta fatetur

102 crudescit **A**: crudeacrudescit **B** **103** auertit **A**: abenti **B**; *cf. Verg. Aen. 1,482* rogata *Schenkl (dubitanter), Haase*[2]: -tam **α**; *cf. 88. 465sq.; 6,24; 8,278* **104** armipotens **A**: rami- **B** **105** retroque ... coercet] *cf. Verg. Aen. 2,378* (retroque ... repressit*)* **106** aequoreos **B**: aethereos **A** **107** proscindit **A**: -dus *(*u *deleta)* **B** **108** interea *Maehly*: pręterea **α**; *cf. Sedul. carm. pasch. 1,334; Verg. Aen. 5,1; 8,213* **109** mycenaeas **A**: moeceneas **B** repleuerat *C. G. Müller*: replerat **B**: impleuerat **A**; *cf. 113; 8,442* **112** danae **A**: dane **B** **113** replentur **B**: impl- **A**; *cf. 109* **114** captiuos **B**: capturos **A** phryges **A**[marg]: friges *(ex* fring-*)* **B**[pc]: reges **A** **117** insipiens **B**: inc- **A**; *cf. laud. 2,100; 3,99* **118** planctigeris **A**: plantigeneris **B** **119** *et* **121** *inter se mutavit Baehrens,* **119** *et* **120** *Haase*[2]*, Rothm*[1] *6 (quem secutus est Schwabe 11),* **120** *et* **121** *Rossberg* **121** mandante timore **B**: mandata timori **A**

permixtus candore rubor pallore fugato,
et lasciua reos pulchrescunt gaudia uultus.
credidit aequoreis quod rex sit mersus in undis,
nec uult scire moras, tantum contenta quod absit,
et celeri cupit ire gradu dictura maritum
non reducem moecho; sed spes ibi fallitur audax.
Praeterea sors regis erat Cassandra sacerdos,
inter Dardanias clades Danaumque triumphos
non habita indigne, licet esset portio praedae.
ipsa Clytaemestrae sacro correpta furore
longius exclamat: 'salue regina Pelasgum,
ultio Dardanidum, captae solacia Troiae,
tuque triumphalis domitor, bone pastor Egiste,
plumea cui praestant post pelles stramina lectum,
quem post tecta casae regalis suscipit aula:
quid dubitatis adhuc uestros releuare timores?
perdite, ne pereat uestri cito fructus amoris
(tempus adest et fata iubent et culpa perurguet):
amputet eripiens uictricia colla bipennis!
uos licet et similis maneat censura polorum,
sit saltem mora longa reis, dum crescit Orestes.
uictima carnificis nati post funera patris
mater eris, tecumque ferox ferietur adulter

127 ruuor **B**: pudor **A** rubor ... fugato] *cf. laud. 1,67sq.; Sen. Med 859* **128** pulchrescunt] *i. q.* pulchros reddunt, *v. ThLL X 2,2572,57 et Hofm.-Sz. 298; cf. laud. 2,651* **129** aequoreis ... undis **A**: -eas ... undas **B** rex sit mersus **A**: rexit merus **B** **130** contenta **B**: concepta **A**; *cf. 10,206; laud. 2,356* **131** gradu A: -dũ **B** **132** moecho sed **A**: moecos sed (d *ex* t) **B**[pc] ibi **B**: ubi **A** **133** praeterea] *i. q.* prae ceteris *(Hofm.-Sz. 245 c; Löfstedt, Verm. Stud. 162–164), cf. laud. 1,454* **135** licet esset **A**: licetes se **B** **137** regina pelasgum **A**: regna pelagũ **B**; *cf. 8,366* **139** tuque **A**: tuqui **B** triumphalis] *pro genetivo habuit Schwabe 12 (coll. Suet. Aug. 25,3; Ner. 35,1; Quint. inst. 11,1,36); cf. CIL 14,3607,3 (TRIVMPHALIS FILIVS)* **140** lectum *om.* **B** **144** et fata iubent **A**: efata iubant **B**; *cf. 8,535* **145** amputet] amputat **A**: iamputet **B** *(unde* iam amputet *Peiper, sed Drac. verbum* iam *nusquam cum verbo quod sequitur conglutinat)* amp. eripiens] *cf. 5,133; Prud. psych. 282sq.* colla bipennis **A**: collo pupenis **B** **146** polorum *Rossb*[1] *21 (coll. 8,55)*: pulorũ **B**: malorum **A**; *cf. laud. 1,94* **147** sit **α**: fit *L. Müller 460*

Pyladis fodiente manu (mihi credite) cari –
heu miserum furor alter habet! purgandus Orestes.'
dixit et elisam retinent per transtra rudentes.
    prouida terruerant reginam dicta nefandam:
it pallor super ora redux facinusque parare
disponit sub corde truci, furor urget amoris
sollicitusque timor grassatur mente pauenti.
maesta domo quasi laeta redit terrente pauore,
ingrediens thalamos suspiria longa trahebat
corde premens gemitus et gaudia uultibus aptans.
quid rumor, quid fama ferat, quid nuntia portent,
auribus attonitis lasciuus quaerit Egistus.
quae sexus armata dolis sub fraude latenti
incipit effari: 'iuuenis, dic, quid sit agendum.
occidimus: redit ille meus post bella maritus
uictor et armatus zelo mordente minatur
moribus Argolicis leges inducere castas
tristibus imperiis. alieni criminis ultor
quid faciat pro iure suo? moriemur inulti
et periet iam noster amor: mactabit utrumque
turbidus ante diem, solitus punire nocentes
letifero mucrone ferus. spes nulla salutis
est, nisi uitalem contemnimus ambo salutem.
gloria belligeri feriantur et arma tyranni,
et prior occumbat quam nostros sentiat ignes,
prospera bellorum quem sic fecere superbum

150 cari **α**: uati *Maehly; cf. Ov. Pont. 3,2,85* **151** Heu *Maehly*: Me **α**: Vae *(Dracontio inusitatum) Schwabe 12; cf. Sen. Ag 868 (*eheu*: exclamatio Cassandrae); iunctura* heu miser*(*um*) inde a Plauto in deliciis habita* miserum **B**: -am **A** purgandus **A**: -dis **B**; *cf. 945* orestes **B**: horestem **A** **152** Dixit **A**: D **B** *(sic et 254. 356. 363)* elisam] *cf. Sen. Tro 1112; Hyg. fab. 38,2* transtra **A**: -sta **B** **154** parare **α**: *'an* patrare*?' L. Müller 465, sed cf. Ov. met. 6,623; Sen. Med 852* **159** aptans **B**: addens **A** **160** nuntia **B**: numina **A** portent **α**: *'vix* portet*' Vollmer (1914); cf. Catull. 63,75 et Bailey ad Lucr. 4,704* **161** adtonitis **B**: -tus **A**; *cf. 10,463* **164sq.** redit ... uictor] *cf. 5,48* **164** bella **A**: uela **B** **165** zelo **B**: telo **A** minatur *Mai*: -us **α** **173** feriantur **α**: -atur *Maehly* arma **A**: armara **B**; *cf. laud. 3,276 (*arma tyranni*)* **175** quem **A**: quae **B**

et Priami fortuna nocens, ut sanguinis usu
humani generis uilem putet esse cruorem.
per te casta negor, per te fero damna pudoris,
nec uolo tam multi sceleris deperdere fructum.
at uerbis inimica loquens extorpeo factis.
communis nos casus habet uitaeque necisque,
est nobis commune bonum, commune periclum,
sors pariter nos una manet: iubeoque rogoque
pastorem regina monens; formidine mortis
territa sollicitor miserandi femina sexus,
conueniens tamen hortor opus, dum congrua uitae
impero, ne moriar tecum peritura cruente;
nam mecum miser ipse cades Agamemnone uiuo,
impie. funereis nos casibus eripe sollers;
nec labor ullus erit uictorem sternere ferro:
semper iners securus agit, qui perculit hostem,
et patet insidiis nullo terrente quietus.
non est quem metuas: breuis est et paruus Orestes,
unaque natarum cinis est per templa Dianae,
altera sexus iners recidens miseranda quid audet?
exulat interea Menelaus, alter Atrides.
quidquid agis, impune geris, scelerisque peracti
sic merces, non poena datur; felicior ibis

176 usu *Rothm*[1] *9*: usti **B**: ulti **A**; *cf. Lucan. 2,477; Stat. Theb. 7,199* **179** multi sce- **A**: -tis sce- **B** deperdere *Mai*: rep- **α**; *cf. Ven. Fort. carm. 2,16,129* (fructus uteri ... deperdit); *v. ad 397* **180** at *Baehrens*: an **α** extorpeo *Maehly*: extorqueo **α**; *cf. Ven. Fort. Mart. 1,240* **181** *et* **182** *inter se transpos. Haase*[2] **181** casus **A**: causa **B** necisque **A**: nesc- **B** **182** periclum **A**: per..... *(quinque fere litt. macula periere)* **B** **184** mortis **A**: morus **B** **186** tamen hortor **A**: hortor tamen **B** **187** impero ne **A**: impersone **B** **188** uiuo *(cf. 172) Maehly*: uiso **A**: -su **B** **189** funereis **A**: -eos **B** **191** *exhibent **exc. flor.** (om.* **L**) iners **B**: mars ***exc. flor.***: inops **A** agit *Peiper, Rossb*[1] *22 (coll. satisf. 127. 6)*: egit **B**: erit *(ex 190)* **A** ***exc. flor.*** **193** breuis ... paruus **A**: brbis ... -bus **B** **195** recidens *(i. q.* deiecta*)* **A**: reti- **B**: resi- *Schenkl; cf. laud. 2,634 (ubi* recidens *pro* cecidit *positum, ut elucet e* cecidit *in 630 et e* uis mat. peracta *in 634), v. ad 8,538* **196** alter *(*frater *Maehly)* Atrides] *cf. Homer. 424; Ov. am. 2,1,30* **197** agis] *syll. clausa producitur in arsi (in caesura), v. ad 5,35* **198** felicior ibis **A**: felicioribus **B**

atque Agamemnonio regno potieris et aula.
exemplumque recens tibi iam superaddo, Lacaenam
interfectricem tot regum, tot populorum
uiuere felicem post funera tanta quiete.
nec metuam Danaos: heredem sterno Thyestis.'
    dixerat haec mulier, spes est data maior Egisto.
'tramite, dic, quo' pastor ait 'geminare ualebo
hoc tam grande nefas? labor est extinguere regem
atque triumphantem (quod plus) in principis aula.'
tunc pandens regina uiam scelerata profatur:
'bellorum maculis et crasso sanguine uestem
rex ferus imbutus ueniet; mutare necesse est
indumenta duci; tunicam dabo uertice clauso.
dum caput indutum cupit exertare tyrannus,
egredere praeuentor atrox, uiolentus Atridis
finde secure caput ceruicem colla cerebrum.
ultima res tantum quae restat sola iuuabit.
consilio subcumbe meo: haec una medella est,
luctibus illatis auertere funera nostra –
dum moror, adueniet nostri modo criminis ultor.'
haec infausta loquens lacrimis simul ora rigabat.
    turbidus in ferrum rapitur flammante timore
(audacem ⟨facit ipse pauor⟩ terrorque proteruum)
et mouet armatos ictu quatiente lacertos

199 atque agam- **A**: adque gam- **B** **200** recens *C. G. Müller*: regens **α** **201** interfectricem **A**: interfectur item **B** **203** metuam **A**: -ant **B** heredem ... Thyestis] *sc.* Agamemnona*; cf. Rossberg ad loc. et infra v. 308* **206** lauor ē **B**: laborem **A***; cf. 190* **210** ferus *C. G. Müller*: feris **B**: erit **A** imbutus *Rossberg (coll. Ov. met. 9,153)*: ind- **α** **212** indutum **α**: inductum *Baehrens, sed cf. 254sq.; Sen. Ag 888sq.* cupit **B**: uolet **A***; cf. 266* exertare **A**: hec serta **B** **213** *om.* **A** uiolentus Atridis] *v. ad 352; Homer. 322* **213sq.** uiolentus ... finde] *cf. Octavia 122* **216** *de hiatu in caesura ante* h *v. ad 10,327* **217** luctibus **α**: ictibus *Haase*[2], *Baehr*[2] *637, sed cum* luctibus – funera *conferas 10,437sq. (*funera – luctibus*)* **218** nostri **A**: -is **B** **219** Haec **B**: Non **A** infausta **A**: infauta **A** loquens **B**: rogans **A***; cf. 180* **221** audacem ⟨facit ipse pauor⟩ terrorque proteruum *Rothm*[1] *10 et Rothm*[2] *865 (coll. 122; Coripp. Ioh. 1,556; cf. Ov. fast. 3,644)*: audacem terrorque proterbum *(sequitur spatium 13 fere litt. vacuum)* **B**: aud. ⟨faciebat amor *(ex Ov. met. 4,96)*⟩ terrorque superbum **A**

absentemque ferit pauidus quem non uidet hostem.
sic solet anguis hians obsesso fonte uenenum
fauce parare necis fatis mortalibus aptum
pectore sublatus lingua uibrando trisulca.
motibus his mulier melius gauisa resumit
turpiter infames animos: redit illa uoluptas;
impete plectibili per rustica colla pependit
dulcia lasciuis defigens basia labris.
ille uicem redhibens dabat oscula crebra per artus.
Dum commune nefas aequali mente fruuntur,
regia puppis adest uariis ornata coronis.
hinc magis audaces animos de crimine sumunt:
illa rapit tunicam, pastor rapit inde bipennem.
officio stat quisque suo: celatus adulter
intra claustra latet, mulier progressa parumper
morte maritali tunicam subnixa ferebat.
rex rate descendens tacta tellure triumphat:
bellorum maculis rutilabat, sanguine pulcher,
grandis in aspectu, pugnarum horrore decorus;
qualis erat caelo referens post bella gigantum
Iuppiter astriferam stellata fronte coronam
atque coruscantes fundebat uertice flammas.
pignora naturae concurrunt dulcia patri;
itur in amplexus et reddunt oscula danti.
lumina uoluebat genitor uisura iugalem

226 trisulca **A**: -cat **B**; *cf. laud. 2,239; Verg. Aen. 2,474sq.* **227** resumit **A**: -sumpsit **B**; *cf. 234* **229** impete (inpete *iam Rothm*[2] *865)* plectibili per *Rossb*[4] *570*: inplete plecti [.......] *(spat. 7 fere litt. vacuum)* **B**: implentem amplecti per **A**; *cf. 426; laud. 1,104; 2,275. 464* **231** redhibens *Rothm*[1] *10*: retibens **B**: reddens **A**; *cf. 777* **233** uariis **A**: -ios **B**; *cf. Ov. fast. 4,945* ornata coronis] *cf. 5,145; Coripp. Ioh. 3,69* **234** hinc **A**: plus **B** *(cf. AL 228,3 R*[2] *[= 220 SB]* plus moriens sumpsit de prole tumorem*)* de crimine **B**: discrimine **A**; *cf. laud. 3,474; Iuv. 6,285 (R)* **235** rapit[2] **A**: rupit **B** uipennẽ **B**: securim **A**; *cf. 258* **237** intra **B**: inter **A** **239** tacta tellure **A**: tracta tellurẽ **B**; *cf. 8,434* **242** caelo referens **A**: ref. c. **B**; *cf. 27; Sil. 1,236; Paul. Nol. carm. 19,516* bella **A**: uela **B** **244** coruscantes *Rothm*[1] *8*: -cales **α**; *cf. laud. 2,497; Coripp. Iust. 4,99* fundebat **B**: fin- **A** **246** danti *Rothm*[1] *10*: panti **B**: nati **A**; *cf. 61*

pergit et ad thalamos post publica limina portae.
impia quae reducem fallaci uoce salutat:
'belliger armipotens, cultus depone minaces
atque habitus dignare pios ut pacis amator.
en tibi uestis adest nostro contexta labore,
aurea purpureo radiantur fila colore.'
dixit et exutum tutanti tegmine regem
callida funereo perfundit corpus amictu.
sed capiti dum quaerit iter tunicaeque fenestram,
illa manu retinens armatum acciuit Egistum.
erigit ille trucem dextra uibrante bipennem
et ferit incautum caput impius impete mortis
ac diademalem frangit cum uertice frontem
in partes hinc inde duas; geminantur et ictus,
terque quaterque ferit, diffundit testa cerebrum.
regina laudante manum rex concidit insons
saucius et tremulo quatiebat corpore terram:
sic aper implicitus uenantum cassibus ingens,
dum cupit exsiliens euadere retia toruus,
concutit ora ferox spumantia dentis adunci
et perdit uacuos collisis morsibus ictus:
sic Asiae domitor consumptus fine cruento.
heu, pastoralis populauit membra securis.

248 pergit et **A**: pertinget **B**; *cf. 6,119* **249** quae **A**: que **B**: qua *Baehrens; sed cf. 383* **250–252** cultus depone – nostro contexta labore] *cf. Sen. Tro 883; Ag 881–883* **251** atque ... pios] *cf. Stat. Ach. 1,260* ut *Baehrens*: uir **A**: uix **B**; *cf. 117. 821* **252** contexta **A**: -testa **B**; *cf. laud. 1,532* **254** Dixit **A**: D **B** *(v. ad 152)* exutum ... regem] *accus. absol., v. Haase 36* **255** funereo ... amictu] *cf. Sen. Oed 551sq.* **255–270** *ad Agamemnonis occisionem v. Sen. Ag 887–905* **257** manu *Zw.*: -um **α** acciuit *Rothm*[1] *11*: accipit **B**: accepit **A**: accersit *Mähly, Haase*[2] **258** erigit] 'derigit?' *Buech*[3], *cf. Sen. Ag 899* dextra **B**: -am (m *exp.)* **A** **260** frontem **B**: faucem **A**; *cf. satisf. 33* **261** geminantur **A**: se- **B** **262** testa *Baehrens*: exta **B**: in exta **A** **263** laudante **A**: -ate **B** manum *Haase*[2]: manu **α**; *cf. 5,67* concidit **A**: condidit **B** **264** corpore terram **A**: corpor etterrã **B** **265sqq.** *de apri similitudine cf. Sen. Ag 892sqq.* **266** euadere **A**: -ret **B** **268** morsibus **B**: dentibus *(propter* dentis *267)* **A**; *cf. laud. 3,207* **269** cruento **A**: -ta **B**, *sed cf. Auson. 23,132 Green* **270** populauit **A**: -bit **B**

Aspera sors hominum uel mens ignara futuri!
credere quis posset, si centum flatibus acta
Delphica fatidicos quateret cortina recessus
antra mouens tripodasque ciens et plectra fatigans,
euersorem Asiae foderet quod cultor agelli
aut desertor iners, ouium pecudumque magister?
en caret igne rogi, dederat qui Pergama flammis!
discite felices non umquam credere fatis:
sunt faciles dare summa dei, tamen ante relinquunt
et miseros in fine nocent aut forte repente
destituunt poenasque petunt de sorte secunda.
credere qui non uult, Priameia fata reuoluat
atque Agamemnoniam uideat male credulus aulam.
Clade repentina premitur Pelopeia uirgo,
sed tamen ultorem patris seruauit Oresten:
faucibus eripiens germanum Electra parentis
287 imposuit puppi secumque abduxit Athenas
289 (quae ratis aduexit regem, haec pignora regis
290 spesque Agamemnonias et Troica gaza reportat)
288 et bene sollicitum studiis sapientibus addit.
291 cuius erat nimium fidus Pylades amicus.
iunxerat hos studium sollers et gloria linguae;
uelle fuit commune uiris et nolle duobus:
exercebat opus iuuenes si forte palaestrae,

271–283] *cf. Sen. Tro 1–7* **275** euersorem *Rothm*[1] *11 (coll. 899)*: desertorem *(ex 276)* **α**; *cf. Stat. Ach. 1,530* **276** pecudumque **A**: pecorumque **B**; *cf. 96, al. interrog. sign. pos. Baehrens* **277** en *L. Müller 458*: et **α** caret igne … flammis] *cf. 8,144sq.; Sen. Tro 54sqq.* **278sqq.**] *cf. Sen. Ag 928* **278–281** *exhibent* ***exc. flor.*** *(om.* **L** *[279 om.* **X**]) **278** umquam **α**: num- ***exc. flor.***; *cf. Repos. 1* **279** faciles **α**: felices ***exc. flor.*** **280** miseros **BA**[ac]: -is **A**[pc] ***exc. flor.*** in **α**: sine ***exc. flor.*** aut **BXP**: at **A**: as **DH** **281** sorte ***exc. flor.***: morte **α** **284** Pelopeia uirgo *(sc.* Electra*)*] *cf. Ov. trist. 4,4,67* **285** seruauit horestem **A**: sere abitoresten **B**; *v. ad 8* **287** abduxit *L. Müller 461*: adduxit **α**; *cf. Sen. Ag 944sq.* Athenas **A**: -is **B** **288** *post* **290** *transpos. Zw.* (**289sq.** *post* **285** *traiecerant Baehrens et Rossb*[4] *570, post* **304** *collocandos cens. Schenkl)* **289** aduexit **A**: abexit **B** haec *Peiper (coll. 216* meo haec*)*: haec quoque **A**: heque **B**; *de hiatu in caesura ante* h *v. ad 10,327* agamemnonias **A**: -memnias **B** **288** sollicitum **α**: -ta *Rothm*[1] *11* sapientibus **A**: -tis **B** **291** erat **A**: erã **B** amicus **B**: amoris **A**

pacatum luctamen erat; per lustra ferarum
uenandum fuerat: socios uenatus habebat;
cornipedem si quisque leuem frenabat habenis,
hoc similis faciebat amor; proludere telis
si fuerant animi, iuuenis iaciebat uterque;
par bene lusus erat pueris, si calculus isset:
nec uinci ⟨est⟩ quisquam metuens nec uincere feruens.
sic amat atque fouet germanum Castora Pollux
et paribus uotis Pollucem Castor amauit,
mortibus alternis et uitae damna repensant.
Vestibus induitur Tyriis homicida et adulter
et poenale caput cingit diadema coruscum.
tamquam legitimus heres Agamemnonis aulae
(et magis heredem conuenerat esse Thyestis)
intrat et orbatum per singula quaerit Oresten
⟨. . . . .⟩
ast ubi res Danaum defessas sensit Egistus,
Troianas raptaret opes spes una manebat:
has quoque cognouit regis cum pignore raptas.
aestuat impatiens, quod regni nomen inane

295 ferarum **A**: ferar **B** **298** hoc **B**: hunc **A**: hos *Rossb*[4] *571* similis] *acc. pro* -es *(ut scripsit Rothm*[1] *11, cf. Rothm*[2] *866)* proludere *Maehly*: producere *(cf. 816)* **α**; *v. 5,298; 6,14* **299** iuuenis *Maehly, Haase*[2]: iubalenis **B** *(cf. Rothm*[1] *15 ad 344. 665. 823)*: iubilans **A** **300** *om.* **A** bene lusus *Rothm*[1] *12 et Rothm*[2] *866*: uene insus **B**: bene nisus *Rossb*[2] *478* si calculus *Rothm*[1] *12*: sic acullus **B** isset *Peiper (*ibat *iam Rothm*[1]*)*: es **B**: esset *Maehly; cf. 940 et Ov. ars 2,207* **301** nec uinci ⟨est *(add. Baehrens)*⟩ quisquam **A**: ec uinerquicquam **B**^{ac}: ne^{c}c uinecquisquam **B**^{pc} feruens **A**: serens **B** **302** amat atque **A**: amataque **B** castora **A**: pastor a **B** **303** pollucem castor amauit **A**: post lucẽ pastor amabit **B** **304** mortibus *(ex* moribus*)* **A**: uentibus **B** *(ex 305); cf. 10,581; Verg. Aen. 6,121; Claud. rapt. Pros. 1,58* repensant **α**: -ans *dubitanter Haase*[2] **305** *om.* **B**, *add. in marg. inf.* **B**^{2} *(omissionis signo quattuor punctorum quasi* ∵ *supra lin. 306* [Et] *appicto et in principio versus 305 repetito)* **307** aulae **A**: aulẽ **B** **308** thiestis **A**: tietis **B** Oresten] -em α*; v. ad 8* *post* **309** *lacunam statuit Baehrens* **310** defessas **A**: defossa **B***; cf. 313sqq.; Verg. Aen. 3,145; Sil. 2,492* sensit **B**: -tit **A** **312** regis **A**: reges **B** raptas **A**: castas **B***; cf. 289sq.* **313** estuat **A**: extuat **B**

offendit, quia perdit opes, quibus esse tyrannus
posset et armari ferroque auroque ualeret.
callida participem sceleris solatur et arte
fraudis et ancipitem confirmat in arce manere:
femineas ostentat opes, quas sexus habebat,
et diademales, profert quas garrula, capsas,
turpibus inducens pretiosa monilia membris.
'his' ait 'Argolicos emimus per regna fauores
muneribus proceresque nouos ueteresque trahemus
in nostram transire fidem; nam principis uxor
cuiuscumque libet, licet extet pulchra pudica,
censibus his ornata nitens placare maritum
aggreditur: praesumpta suae dulcedine linguae,
diuitiis armata meis en dulce uenenum
auribus attonitis fundet blandita perite,
mollibus artifices iungens amplexibus artus,
et faciet nobis sublimes sexus amicos.
pulchrius est aurum, sed femina pulchrior auro:
auro foeda placent, auro decorantur honesta,
emollit Cytherea trucem per proelia Martem.
crede mihi, iuuenis, de sexu femina tracto.'

314 offendit **B**: ostendit **A** **315** auroque **B**: -raque **A** **316** et **A**: e **B** arte **B**: altae **A**; *cf. 335 et Paul. Nol. carm. 24,553* (uerbis fraudis arte dulcibus) **316sq.** callida ... et arte fraudis] *vulgo apud poetas* callidus arte *(cf. 335* artibus his sollers*)* **317** ancipitem **A**: anticipitem **B** in arce *Baehr*^{2} *637*: in arte **α**; *cf. 348. 530; 337* **318** quas **B**: quos **A** **319** quas garrula *(v. ad 579) Rothm*^{1} *13, Haase*^{2}: quas sarrula **B**: quasi scrinia **A** *(glossa ad* diademales ... capsas, *cf. Hier. epist. 130,5,4 et Walthar. 330* scrinia plena gazae*)*: quas sedula *L. Müller 466 (cf. Paul. Petric. Mart. 4,363sq.* regina ... obsequiis uincebat sedula regem*)* capsas **A**: gap- **B** *ad* callida ... et arte fraudis *(316sq.)* ... garrula *(319) cf. Prop. 3,23,17sq. (*non stulta puella | garrula ... blandis dolis*)* **320** monilia **A**: mun- **B** **321** fauores *C. G. Müller*: pau- **α** **322** trahemus **A**: traemus $\mathbf{B}^{pc}$: -mos $\mathbf{B}^{ac}$ **324** extet **A**: -te **B**; *i. q.* sit, *cf. 67; 5,90; 8,182; 10,65 (v. Rossb*^{7} *48)* pulcra **α**: pura *Baehr*^{2} *637* **326** praesumpta *(i. q.* audax*)* **α**: praecincta *Hagen*^{2}*; v. Rossb*^{4} *571 (coll. 5,91)* **327** diuitiis **A**: -ias **B** en *Schenkl*: et **α**: haec *Vollmer* **331** *et* **332** *exhibent* ***exc. flor.*** **331** pulcrius est aurum **α**: est aurum pulcrum ***exc. flor.***; *cf. Hor. epist. 1,1,52* **333** cythara (cytherea *marg.)* trucem **A**: citereatricẽ **B**; *cf. 5,210* **334** femina **A**: -nea **B**

artibus his sollers animos reparauit amantis
et gratis gauisus agit muliebribus ausis:
sordida mens regnare cupit, dux sceptra tenere.
Extinctum sub fraude ducem nil tale timentem
coniugis insidiis, ausu pastoris iniqui
⟨. . . . .⟩
et tacito sub corde premunt de principe ciues;
murmure sollicito flentes haec dicta loquuntur:
'impia sic Lachesis Parcarum lege bipennis
censuerat regem tam turpi morte perire?
atque utinam iuuenem per bella feriret Amazo
Penthesilea fremens, quam uix euasit Atrides,
et non infami prostratus morte perisset
crimine cum gentis, Danaum cum clade suorum,
nec pede tractus humo iacuisset ab arce remotus,
cuius honore carens tumulatur nocte cadauer.'
Dic mihi, Musa, precor, qua spe materna nouerca
quaerere neglexit pueros et tradere captos
patris in occasus? Dorylas libertus Atridis

335 reparauit **A**: repabit **B** **336** muliebribus **B**: -eribus **A** **337** sordida ... cupit *exhibent* ***exc. flor.*** *(om.* **DL***)* **338** timentem **A**: -te **B** *post* **339** *lacunam indicavit Maehly, quam Rossberg tali versu explendam censuit:* maerent, sed gemitus non fundere uocibus audent **340** AEt *(A exp.)* **B**: Sed **A**: Haec *Vollmer, sed cf.* haec *in versu sequenti* premunt **α**: fre- *Baehrens (cui succurrunt Håkanson 95 et Lucarini 316), sed v. Rossberg ad loc.* **341** *ante* **340** *transpos. Baehrens* **341** loquuntur **A**: -antur **B** **342** si *(sic Haase[2])* lachesis **A**: sillacessis **B** **343** censuerat **A**: -suuera **B** perire **A**: -ret **B**; *v. ad 482* **344** adque utinã miualenem *(iuuenem Rothm[1] 15)* per uella periret *(fer- Maehly)* amazo **B**: illum bellatrix utinam strauisset amazon **A**; *cf. 10,208* **344sq.** atque utinam ... Atrides] *cf. Ov. met. 12,608–611* **345** quam uix *Haase 34*: qua uix **A**: quauis **B** Atrides **α**: Achilles *Maehly, sed v. Rossberg ad loc. (Dares 36)* **346** infami **B**: infanda **A** perisset *(cf. 348)* **A**: periret **B** *(male respexit ad* 344 feriret*)* **347** clade **A**: clamide **B**; *cf. 10,416* **348** nec *Haase 34*: et *(an pro* et non *ut in 346?)* **α** pede tractus *Rothm[1] 16 (coll. 526.720.725)*: perdetractus **B**: detractus **A** **349** carens **A**: cadens **B** **350** qua **A**: quã **B** spe **α**: re *C. G. Müller, sed cf. 132. 716. 735 et Verg. Aen. 4,235, al.* **352** occasus **B**: ocasu **A** dorilas **A**: dodilas **B** atridis *(sic et cod. unic.* **N** *in 8,449. 548)* **B**: -dae *(sic et 720. 874)* **A**; *v. ThLL 2,1096,17sqq.*

et pueri nutritor erat fugientis Orestis.
consilium mendax sollerti pectore sumpsit
fingere, quod pelagus rabidum demersit Atridas
fluctibus aequoreis. qui stans in litore dixit:
'di maris et terrae, pietas et origo polorum,
naturae caelestis amor: mendacibus ausis,
uos precor, annuite ⟨et⟩ fallacia uota iuuate:
credar et aduertar mendax adsertor honestus.
tollere nam insontes cupio de sorte paterna,
quam mater plectenda parat uel uitricus hostis.'
dixit et undiuagis uestitus fluctibus intrat
et mare caeruleo tumide spumantibus undis
mersus ad usque caput, tunc litora sicca petiuit.
    turbidus haec plangens funestam currit ad urbem
et querula sic uoce uocat: 'pro Iuppiter, hostis
sic placet ulcisci Troes et perdere Graios?
pro Phrygibus saeuit pelagus, mare uindice Troiae.
quod pueri gessere nefas? quid mollior aetas
gessit in Iliacis bellorum tempore campis,
ne fuga sit miseris optata per aequora uectis?
uidi ego mergentes fluctu sorbente carinam,

353 fugientis] *part. praes. pro perf., v. ad 8,538* **354** *vix* sollerti ⟨is⟩ *(ut in Cypr. Gall. gen. 194; Verg. Aen. 9,748; Sil. 10,476), cf. Homer. 176* **355** fingere **A**: finge **B** rabidum *Rothm*[1] *10, L. Müller 461 (465)*: rauidus **B**: rapidum **A***; cf. 8,405* demersit atridas **A**: demserit -dis **B** **356** dixit **A**: đ **B***; v. ad 152* **357** di] dii **α** pietas] *cf. Sen. Phae 903; Stat. silv. 3,3,1* polorum *Rothm*[1] *13 et Rothm*[2] *867 (cf. 146)*: populorum **B**: bonorum **A** **359** annuite *(*et *add. Haase*[2]*)* **A**: annũ **B***; cf. Ov. met. 7,178* **360** aduertar **B**: auer- **A** honestus *Hagen*[2]: honestis *(*-sti *Peiper)* **B**: horestis *(ex* 353*)* **A**, *sed cf. 355 (*Atridas*). 361 (*insontes*). 370sqq.* **361** insontes **A**: insortes **B** **362** plectenda *Maehly*: plenda **B**: nõ flenda **A***; cf. laud. 2,313* uitricus **A**: biticus **B** **363** Dixit **A**: D **B** *(v. ad 152)* **364** *om.* **A** caeruleo *Rothm*[1] *16*: -eum **B** **365** littora **A**: -re **B** **366** *om.* **A** hec **B**: et *Vollmer (1914)* ad urbem] adirbem **B** **367** uocat **A**: uoat **B**: boat *C. G. Müller, sed cf. laud. 2,668; Verg. Aen. 6,247. 506, al.* hostis **BA**[marg.]: estis **A**[ac] **368** Troes] *syll. clausa producitur in arsi (in caesura), v. ad 5,35* **369** saeuit pelagus **A**: pel. s. **B** **370** pueri **B**, *om. in lacuna 5 litt.* **A** **371** Iliacis ... campis **A**: -os ... -os **B** **372** ne *Rothm*[1] *16*: nec **α** *(def. Rossb*[2] *478: '= ne – quidem', mutato* sit *in* fit*)* **373** uidi **A**: duuidi **B**[ac]: dũuidi **B**[pc] carinã **B**: -ãs *(*s *exp.)* **A**

in qua uectus eram comes et nutritor Atridum,
de qua solus inops euasi remige planta.
iusta Clytaemestra, mitis crudelis Egistus:
saeuior unda maris, quae nec post bella pepercit
pignoribus Danaum! felix iam Troia uocanda!'
    diceret haec cum uoce pia, raptatus ad aulam
muneribus cumulatur opum, quod gaudia ferret
mentibus incestis. nam mox regina proterua
imperat acciri populos, uenere coacti.
aedibus in mediis quae sic est orsa profari:
'eximii proceres Danaum populique pusilli,
quos Agamemnonii per ferrea lustra triumphi
non mersere neci, sed adhuc superatis inanes
uisceribus uacuis, exhausti sanguine fuso:
quod uos sic minuit saeuis Bellona duellis,
regis culpa fuit, qui exhausit ciuibus urbem
tot nisus uiduare nurus, orbare parentes
et natos spoliare rudes pietate paterna.
inde ferox percussus obit sub morte securis,
quo sua cum proles iacuit modo uindice fluctu.
spondeo iam requiem, placidam sperate quietem:
otia pacis erunt, nullum nocturna cubantem
classica sollicitent, nullas tuba uerberet aures:
temporibus licitis blandos decerpite somnos.

374 atridũ **B**: -das **A** **376** clitemestra mitis **A**: clitemmestatremitis **B**^{ac}: clitemestra remitis **B**^{pc} **377** bella *C. G. Müller*: uela **α**; *cf. 8,54* **382** acciri **A**: [....]citu **B** *(spatio vacuo rel.); cf. Stat. Theb. 1,532; Claud. rapt. Pros. 1,77* **383** extorsa *(*est or- *Peiper)* profari **B**: exorsa profatur **A**; *cf. 809* **385** agamemnonii per ferrea **A**: agamẽnonin perferre **B** **386** neci **A**: necis **B** superatis **A**: supertis **B** **388** uos sic minuit **B**: sic minuit uos **A** **389** qui **A**: quae **B** exh. civ. urb.] *cf. Lucr. 6,1140; Verg. Aen. 8,571* **390** tonisus **B**: tot *(cf. 201. 482)* nixus **A**: conisus *Rothm*^{1} *17 (Haase*^{2}*), sed cf. Sedul. carm. pasch. 1,301 (*rectum flectere nisus iter*)* **391** rudes **A**: ciues *(ex 389?)* **B**; *cf. Lucan. 4,396; Alcest. 19* **393** quo sua cum proles *(tmesis)* **A**: quae sua pr. *(om.* cum*)* **B**: ⟨at⟩que sua proles *L. Müller 462* fluctu **A**: -um **B** **395** cubantem **A**: -te **B** **395sq.** nocturna ... sollicitent] *cf. Lucan. 4,395 (Tib. 1,1,4)* **396** sollicitent **A**: -ant **B** nullas tuba uerberet *(= Lucan. 7,25)* **A**: nulla stipulauerat **B** **397** decerpite **A**: re- **B**; *v. ad 179 et cf. Pers. sat. 5,42 (*decerpere noctes*); Aegr. Perd. 192*

aspera tela uacent: curuentur falcibus enses,
ossibus et neruis deflexos cornibus arcus
ad solas aptate feras celeresque uolucres.
deliciis epulisque bonis refouete senectam,
pignora natorum dulces nutrite nepotes.
unica mors restat morbis finire salutem:
tramite naturae finem labentibus annis
iam sperare licet et praeter uulnera ferri
corporis exitium; fas est sperare sepulchra
ordine legitimo. flammas sperate rogales,
et tumulum sibi quisque paret post busta perennem.
germinis ille sui crudelis et impius hostis
rex Agamemnon erat, patriae dominator amarus:
ciuis Egistus erit me ⟨iam⟩ profitente maritum.'
dixerat et cunctos discedere iussit ab aula
ac domibus remeare suis. Sed uilis adulter
nescius atque rudis regnorum frena tenere
ipse sibi genium fastu facit: ore minaci
asper erat famulis regalibus, aduena uernis;
imperium non mite dabat, quibus ipse profecto
si famularetur, crimen sibi turpe putarent.
sceptra triumphorum data sub pastore tyranno
pro pretio scelerum, mercedem sanguinis ostrum,
matronale nefas, uxorem dedecus aulae
quis, rogo, non gemeret? tamen hos formido iubebat

398 uacent **A**: -ant **B** curuentur ... enses] *cf. Claud. 21,223* **399** ossibus et neruis] *cf. laud. 2,85. 120 (Lucr. 3,171, al.)* deflexos **B**: -is **A**; *cf. Verg. Aen. 5,500; Ov. met. 2,603* **400** aptate **B**: agitate **A** celeresque **A**: scelerisque **B** **403** salutem **B**: senectam **A** *(ex 401 vel Lucan. 5,282; v. ad 221 et 971)* **405** licet] *syll. clausa producitur in arsi (in caesura), v. ad 5,35* **407** sperate **A**: -re **B** **409** hostis **B**: heres **A** **410** patriae **A**: patri **B** **411** ciuis **B**: cuius **A** ⟨iam⟩ *Peiper; v. ad 730* profitente **B**: proficiente **A**: praeficiente *Haase*[2]; *cf. 10,257. 327; Verg. Aen. 4,172* maritum] *hoc uno Orestis fabulae loco Aegisthus* maritus *nuncupatur, decies Agamemnon* **412** discedere **B**: descendere **A** **415** ipse **B**: -a **A** **416** uernis *(vel* seruus*) Haase*[2]: seruis **α**; *cf. 547 (*uernula turba*) et 680* **418** sibi **A**: siue **B** turpe **B**: uile **A** **420** mercedem **A**: -de **B** ostrum **B**: hostem **A**

infami parere probro: timuere bubulcum
acrius, Hectoreos qui non timuere furores.
ius Agamemnonium fuerat; post Pergama capta
uerbero plectibilis comes armipotentis Achilli.

Occidit regem Tamyris regina Getarum,
sed nil turpe gerens uindex fuit illa suorum.
si fecit Medea nefas, flammata dolore
turpis amoris erat, cum regia tecta cremabat
incolumi uiduata uiro de paelice Glauce.
impia Lemniades sumpserunt arma puellae
atque maritali foedarunt sanguine lectos,
sed Veneris furor acer erat facinusque nefandum.
quod Scythicae gessere nurus, in crimine tanto
barbara turba fuit. nam tu, regina Pelasgum,
Graecia quam genuit legum fecunda creatrix,
clara Mycenaei coniunx et uindicis uxor,
crimen adulterii geminasti caede mariti.
Alcestis meminisse fuit, quae morte maritum
manibus eripuit, pia coniugis, impia de se.
quid loquar Euadnen Thebanis ignibus ustam
et post fata uiro flamma crepitante sodalem,
impia cum pietas, affectus dulcis amaram
iussit obire necem, quae contra uulnera luctus
fortior igne fuit, crudelibus usa medellis,

423 probro *Zw.*: bono **AB**[pc]: uono **B**[ac]; *cf. Tiberian. carm. 2,17 (*infami probro, *sc.* Helenae*)* bubulcum **A**: sub- **B**; *cf. laud. 3,718; satisf. 35* *post* **424** *lacunam indic. Schenkl; possis ex. gr.* ⟨uindicat en socia sibi coniuge turpis adulter⟩ ius Agamemnonium, *sed Schenkl de Homeri Thersite hariolatus est, quem verberone illo plectibili designari male putavit* **426** achilli **A**: acillis **B**; *cf. 78. 899; Verg. Aen. 6,839* **427** occidit regem *Maehly* : possedit regnum **α**; *cf. laud. 3,501sqq.; Val. Max. 9,10 ext. 1* **429** si **B**: sic **A** **430** turpis *Zw.*: dulcis **α** cremabat **B**: cremaret **A** **433** lectos **B**: -us **A** **435** quod Scythicae *C. G. Müller*: quid scyth. **A**: quosquitice **B** **436** tu **A**: tũ **B** **437** fecunda **B**: sec- **A** **439** adulterii **A**: -ri **B** geminasti **A**: sem- **B**; *cf. 901* **440** meminisse fuit] *figura Graeca, cf. Hofm.-Sz. 349* **443** uiro ... sodalem *Rothm[1] 18*: uiror ... redalem **B**: uiri ... nealcen **A** **444** amaram **A**: -ra **B** **445** obire *pro* auere *repudiavit Rossb[1] 22*: habere **α** **446** usa **A**: a **B**

et simul ad manes in puluere coniugis iuit?
pertulit urna duos, funus quos iunxit, amantes.
conubium felix! exemplum grande pudoris!
impia sacrilego nupsit post fata marito:
pronuba flamma fuit thalami rogus et pyra lectus.
quid sit honestus amor, multae docuere puellae.

Dum regnaret iners, Parcarum crimina, pastor
et simul illicito sese fruerentur amore
annorum septem spatiis et mensibus octo,
ibat alumna manus tumulis regalibus omnis
noctibus in mediis flens per haec tempora regem,
anxia quae gemitu et tremulis ululatibus usa
temperie moderante fremit terrente pauore.
tunc ibi libertus sollers nutritor Orestis
euomit in gemitus uoces et uerba doloris:
'optime rex quondam, sed nunc miserabilis umbra,
prosperitas cui scaeua fuit, uictoria crimen
intulit et mortem peperit post bella triumphus,
cuius adoratus constat per templa precantis
iratos audisse deos, placata negabant
numina prouentus: Danaos si uinceret Hector!

447 iuit **A**: ibit **B**; *cf. laud. 3,511* **449** conubium *L. Müller 466*: conuium (ui *supra* n) **B**[pc]: coniugium **A**, *sed cf. 450* nupsit *et Verg. Aen. 1,73; Ov. met. 6,428* **451** *ordo verborum:* pronuba flamma thalami *(an* -mis?*)* fuit rogus *(interpunctionem post* fuit *sustulit L. Müller 466); cf. Octaviam 594–597; Claud. rapt. Pros. 1,131* **452** *exhibent* ***exc. flor.*** *(om.* **L***) antecedente v. 539; cf. laud. 3,524sqq.* docuere **α**: didicere ***exc. flor.*** **453** iners **A**: inheret **B** crimina **α**: -ne *C. G. Müller (cf. 347; Mart. 10,61,2), sed v. ThLL IV 1195,5sqq. (metonymice), ibid. 27* **454** illicito s. fr. amore *Maehly* (illiciti s. fr. amore *iam C. G. Müller*): illiciti sese (-is esse **B**) fr. amores **α** **457** flens **A**: fluens **B** per hec (haec per *C. G. Müller*) tempora regem **B**: tempora perdita regum **A** **458** gemitu (-tũ **B**) et **α**: gemitum *Rothm*[1] *18* **459** fremit *Rossb*[4] *571*: tremit **α**: premit *Rothm*[1] *18 (coll. 159. 340)* pauore **A**: -em **B** **463** scaeua *Baehr*[1] *493*: saeua **α**; *cf. 1sqq.; Apul. met. 4,19,1* (scaeuus euentus) **464** bella **A**: uela **B** triumphus **A**: -is **B** **465** precantis **A**: presan- **B** **467** si uinceret Hector! *Housman (Class. Pap. II 812sq.,* si *pro* utinam *intellegens)*: si uincere tecta **B**: si uincere rectum est **A**: si *(*sic *Hagen*[2]*)* uinc. certum *Peiper (Hagen*[2]*)*

si gremio Paridis remaneret rapta Lacaena!
nonne laborastis, Helenam ne pastor haberet?
ecce, tuam nunc pastor habet! si transitus est mors,
si sensus post fata manent, post membra solutae
si remanent animae, si stat post fata superstes
spiritus, exaudi lacrimas luctusque tuorum!
rumpe solum, findatur humus telluris hiatu,
nixus et armatus subito furialibus umbris
surge, uelut quondam tumulo surrexit Achilles:
exige supplicium de coniuge, soluat adulter
tot poenas quot membra gerit. morieris inultus
et pastor tua regna tenet? post busta seuere
exegit mortem de uirgine Thessalus heros
moribus innocuis: tu dux impune relinques
tot scelerum auctores uictricia regna tenere?
    di, regitis quicumque chaos crudele barathri,
rumpite Tartareas proscisso gutture fauces,
mittite uirgineas funesta in tecta cerastas!
ne dubitate: truces uenient ad regna Thyestis,
notum iter inuenient, sua per uestigia current
(non estis Furiae, si quaeritis ante rogari
ad quodcumque nefas, si non huc sponte uenitis).

468 paridis **A**: paiudis **B** si ... remaneret rapta Lac. *Housman 813*: si ... remanes et rapta Lac. **B**: si ... remanens erepta Lac. **A**: si *(*sic *Hagen^2)* ... remanens est rapta Lac. *(*Lac.? *Hagen^2) Peiper, Hagen^2* **469** laborastis **A**: -atis **B**: -asti *Housman 813* pastor **A**: pastorali **B** **471** sensus **A**: cen- **B** solutae *(sc.* membris*) Barwinski 79sq. (coll. Stat. Theb. 12,265)*: -ta **A**: salutem **B** **473** luctusque *(*flu- **B***) C. G. Müller*: fletusque **A** **474** hiatu **A**: iatur **B**; *cf. 10,462; laud. 3,407* **475** armatus] *cf. 327. 627. 822* furialibus **A**: fural- **B** **476** achilles **A**: acillis **B** **478** quot **A**: quod **B** **480** eros **B**: heres **A**; *cf. 8,47; Stat. Theb. 6,442* **481** relinques **A**: -ens **B** **482** auctores **B**: act- **A** tenere **A**: -ret **B**; *v. ad 343* **483** di] Dii **α** regitis *Maehly, Haase^2*: geritis **α**; *cf. Stat. Theb. 1,56sq.* **484** rumpite **AB**^{pc}: upite **B**^{ac} proscisso] -sciso **B**: prociso **A** gutture fauces] *eadem versus clausula in Paul. Petric. Mart. 4,192* **485** uirgineas *(cf. 10,454)* **α**: uipereas *Peiper (cf. 10,440)* **486** truces **α**: -is *Peiper, sed cf. Sen. Hf 725 (*magna pars regni trucis*); Prud. Symm. 1,406 (*trucis Orci*)* thyestis **A**: testis **B** **489** huc ... uenitis *Zw.*: nisi (mihi *Haase^2*) ... uenitis **A** *(cf. 6,24; 10,27)*: licet ... potestis **B**: et ... nocetis *Baehr^4 271 (coll. 10,457); cf. Stat. Theb. 5,156sq.*

491 spes mihi maior adest: Thebis uicina petuntur,
moenia Tartareis quondam sacrata tenebris
493 et claro priuata die sub luce diurna.
490 sed dubito quia iusta peto, tamen oro cruenta.
494 ergo precor, cum iusta truces sententia mortis
participes scelerum percusserit ense seuero,
uos Acheronteis tortoribus addite flammas
et flagris augete malum furiale ueneni,
torqueat auctores scelerum crudelis Enyo:
non sat erunt quaecumque reis tormenta paratis.'
dixit; et ex imo gemuit uox missa sepulchro:
'parcite funesto mentem uexare dolore
meque piis onerare malis (releuare sepulchrum
debuerat famularis amor), quem pessima coniunx
criminibus succensa suis et amore pudendo
uel fama prostante sua muliebribus armis
extinxit, cui uictor eram regressus ab hoste
praedo decennalis fraternique ultor amoris,
ultor adulterii! quem fudit adultera coniunx
nec timuit foedare domum, maculare penates
impete mortifero subita cum fraude profana.
nam nec inultus ero, ueniet his poena cruenta.
sed ne plura loquar, uerum est Cassandra locuta:
credite Cassandrae, uerax Cassandra sacerdos.'
dixit, et abscedunt omnes linquendo sepulchrum.

490 *post* **493** *transp. Zw.;* **488–490** *post* **493** *traici voluit Rossberg; de ordine* **490. 488sq. 491–493. 486sq.** *cogitaverat Baehrens* tamen **B**: tũ **A** oro **B**: ore **A** cruenta **A**: cruen **B** **497** flagris *Rossberg*: furis **B**^{ac}: furiis **B**^{pc}**A** malum furiale ueneni *Zw.*: m. mortale *('fort.* letale' *L. Müller 462)* uenenum **α** **498** auctores **B**: act- **A** **499** erunt **A**: erum **B** paratis **A**: -entis **B** **500** gemuit *(ex* genmuit*)* **B**^{pc}: gemitu **A** **501** dolore **BA**^{pc}: labore **A**^{ac} **505** prostante *Maehly, Haase*^{2}: prostrante **α** armis *(cf. Verg. Aen. 11,687)* **α**: ausis *Rossberg (coll. 336), sed cf. 211sqq. 254sqq. 510* **506** rēgressus] *cf. Aegr. Perd. 21* (rēgreditur*)* **507** Praedo *Rossb*^{2} *478 (coll. 10,368)*: Credo **α** **508** adulterii ... adultera **A**: -teri ... -ter **B**; *cf. 5,77* **509** maculare penates **A**: macula repente **B** **510** cũ **A**: tunc **B** **511** *om.* **A** **512** loquar **AB**^{pc}: -or **B**^{ac}; *cf. laud. 2,182* uerum ... locuta] *cf. 146–150* **513** credite Cassandrae ...] *cf. 150 et 133* **514** abscedunt **B**: abse- **A** linquendo **A**: liqu- **B**

Illa nocte tamen uolitans Agamemnonis umbra
uenit Athenaeis mox sedibus (altus Orestes
illic quippe fuit, cum quo Pylades amicus:
flatibus alternis perflans commercia somni
lassus uterque fuit, concussus amore palaestrae)
et stetit ante toros ambobus uisus Atrides
in somnis, non qualis erat post bella triumphans,
sed qualis cecidit percussa fronte bipenni:
tristis iners tremulus, gemitu suspiria rumpens
(pallida puniceo perfuderat ora cruore
et tremulas languore manus), ceruice uacanti
ac pede uincla trahens quibus est abstractus ab aula.
'non pudet, o iuuenes', dixit, 'pubentibus annis
uestitos sub flore genas lanugine crispa,
grandibus instructos studiis et fortibus armis,
ut pastor mea regna notet promotus in arce
sanguinea mercede, cluat sub crimine multo
laetus et indomitus, tumida ceruice supinus,
plaudat et infamis uos iam, sic fama, perisse?
sic peto Cecropidas uindictam sospite nato,
incolumi Pylade suo? Patroclus Achillen,

516–519 (altus ... palaestrae) *parenthesin fecit Baehrens* **516** altus **B**: alter **A** **518** commertia **A**: conmerca **B**; *cf. laud. 1,591* **520** ambobus **A**: ambibus **B** **521** bella **A**: uela **B** **524sq.** (pallida ... manus) *parenthesin fecit Rossberg* **524** pallida **A**: pallea **B** **525.526** *inverso ordine* **A** **525** tremulas languore] *cf. Paul. Petric. Mart. 4,23; 5,682* uacanti *Vollmer*: uag- **α**: labanti *Hudson-Williams 98sq.; sc. non (ut voluit Vollmer)* 'ceruice *paene amissa', sed (ut vidit Grillone)* 'ceruice *cerebri uacua', cf. 258–262 et eandem clausulam apud Lucan. 9,261 (i. q.* 'ceruice *iugo uacua')* **526** abstractus **A**: abstac- **B** **527** pubentibus **A**: pud- **B**; *cf. satisf. 227* **528** uestitos ... genas *Rothm*[1] *20*: -ta ... genas *(gena* **A***)* **α**; *cf. Verg. Aen. 8,160; [Sen.] HO 213sq.* **529** grandibus **A**: grad- **B** **530** *(*non pudet, ...*)* ut ... notet] *cf. ThLL X 2,2477,74* in arce **α**: in arcem *Rothm*[1] *20; cf. 348* **531** cluat **B**: luat **A**; *cf. Prud. Symm. 2,585* **533** plaudat et *(*et *valde incertum)* **A**: plaudeat **B**: gaudeat *Baehr*[2] *637* sic *Zw.*: ñ **B**: non **A**: nam *Baehr*[2] *637; cf. Sil. 6,631; 8,190* perisse **A**: -em **B** *corruptelae signum (∴) in marg. dextra exhibet* **A** **534** sic peto *Vollmer*: si peto **B**: spero **A** cecropidas **A**: ci- **B** **535** acillen **B**: achillem **A**

Thesea Pirithous non sic expertus amauit.
armati gladios in bella domestica ferte
atque adfine nefas cognato abscindite ferro:
nullum crimen erit matrem punisse nocentem,
morte maritali sceleratam iure necabis.
natus amore pio flammatus morte paterna
uindicet ut patrem qui matrem strauerit ictam,
crimina purgabit matris de tempore prisco;
nam patrem docet esse suum quem uindicat armis,
dignus adulterii uindex, pius ultor et heres
noster, amor Danaum – sunt odia saeua deorum.
ite pares animis: uobiscum uernula turba
sentiet, irati potius quod tardius itis.
ore fremunt famuli, qui carpere dentibus optant
corpus Egisteum uel uiuum, tradere flammis
coniugis infandae crudelia membra cremanda.'
dixerat haec, gemitus somni rupere quietem.
    Mox Agamemnonia proles instructa, sodali
dum narrare parat sua somnia, noscit ab ipso
ac stupet attonitus, quae tanta potentia patris
tempore sidereo mentes monuisse duorum.
'dic mihi, frater', ait, 'dic iam modo, quid sit agendum.
pectora cor sensus animum praecordia mentem
conturbat pietas dolor anxia maeror origo

536 Thesea ... amauit] *cf. Ov. trist. 1,5,19* Thesea **A**: Tesera **B** piritous **B**: perithous **A** amauit **A**: -bit **B** **537** gladios **B**: -io **A** **538** cognato **B**: -oto **A** abscindite *L. Müller 462*: ascendite **α** **539** *exhibent* ***exc. flor.***, *ubi sequuntur vv. 452. 544* punisse **αLP**: -ire **XDH**; *cf. 10,543* **541** paterna **A**: -ne **B** **542** qui **B**, *om.* **A** **544** *exhibent* ***exc. flor.***, *v. ad 539* Nam **α**: Hic ***exc. flor.*** suum **A** ***exc. flor.***: sicũ **B** **545** ultor et heres **A**: ultores theres **B** **545sq.** heres | noster *coniunxit Zw. (coll. 475sq. 591sq.)* **546** danaum **A**: -ais **B**; *cf. 378* sunt ... deorum] *cf. 588. 655b* ōdia] *cf. laud. 3,422* **548** sentiet *L. Müller 466, Haase*[2]: -ent **B**: saeuiet **A** quod **B**: quo **A** itis **A**: istis **B**; *cf. Hor. sat. 2,3,101* **551** infandae **B**: in fraude **A** cremanda **A**: ore manca **B** **553** proles instructa] *cf. 529* **554** ipso **B**: illo **A** **555** ac **B**: at **A** attonitus **A**: adtonibus **B** quae **B**: quod **A** potẽtia **A**: potenta **B** **556** tempore sidereo] *cf. Ov. met. 15,31* **558** pectora ... mentem] *cf. laud. 2,42* **559sq.** *cf. 10,129; laud. 2,1sq.* **559** anxia] *cf. ThLL II 200,81–84* origo] *cf. 38; 8,8*

affectus natura pudor reuerentia fama.
561 transigo funereum materna in uiscera ferrum
565 (uiscera, lucis iter uel magni ianua mundi)?
562 quae perpessa diu bis quino mense pericla
conceptus portasse meos stimulante dolore,
564 semina naturae, blandae primordia uitae?
566 ast ubi sortitus nascendi iura peregi,
flumine pectoreo dedit ubera lactea labris,
dulcia nectareum fundentia mella saporem:
fit nutrix quae mater erat, regina ministra,
exhibet affectus patrios ignara soporis.
haec pater, haec mihi mater erat pugnante parente,
donec ab undecimis aetas me exemerat annis.
immemor existam tantorum in matre bonorum?
an pater extinctus per me remanebit inultus?
facta luat pastor solusque superstite matre
corruat: hoc patrios manes satiabo cruore.
poena sit haec matri, ut prostrato uiuat Egisto,
ante oculos recidente suos; muliercula tristis
aspiciat moechum, quae gaudens uidit Atriden.'
    dixerat haec dubius, sed non cunctator amicus
dentibus infrendens suspiria traxit ab imo
pectore longa ferox et sic aggressus Oresten

560 fama **α**: famae *Zingerle*[2] *59 (coll. Ov. met. 7,145; 9,556), sed v. Rossberg ad loc.* **565** *post* **561** *transpos. Maehly* **562** perpessa *Baehrens*: perpenda **B**: perpendo **A** bis *L. Müller 463*: uix **A**: uie **B** quino **B**: primo **A**; *cf. Prud. perist. 10,781sq.* pericla *(quod falso* **A** *tribuit) Peiper*: pericia **B**: periclo **A**: peracto *Maehly (cf. laud. 2,691)* **563** portasse **A**: -are **B**; *cf. Vollmer (1905) 436* stimulante **A**: stu- **B** **567** flumine ... ubera] -na ... -re *Rossb*[4] *572* pectoreo **B**: perpetuo **A** **568** nectareum **A**[ac]: neciareum **B**: nectarei **A**[pc] saporem **B**: -ris **A** **570** patrios] *i. e.* parentales, *cf. ThLL X 1,761,74sqq. (Manil. 3,132; Stat. Theb. 1,604)* **571** parente **A**: -tẽ **B** **572** aetas me **A**: mea etas **B** exemerat *Haase*[2]: eximeret **B**: duceret **A** *(pro* educ- *ex haplograph. post* me*?); cf. Verg. ecl. 8,39; Aen. 6,745sq.* **573** bonorum **A**: uonor **B** **575** solusque **B**: solus **A** matre **A**: -trem **B** **576** hoc *Baehrens*: et *codd.* saciabo **A**: -bor **B** **579** moechum **A**: mecum **B** que **B**: qui **A** gaudens *(cf. 263)* **A**: garrula *(cf. 319)* **B** Atriden **B**: -em **A** **580** dubius **A**: diuisus **B** cunctator **B**: -tur **A**; *cf. Stat. Theb. 3,79* **582** aggressus **A**: -os **B** Oresten] -em α; *v. ad 8*

increpitat: 'sic sensus iners tua corda tepescit,
ut facienda putes quae nec dicenda fuissent?
dicere grande nefas, scelus est audire nefandum:
imus ad Argolicas ueniam donare Mycenas
criminibus matris? magis est quae dignior ora
(a scelus indignum!) poenis ferienda deorum?
quaeso caue, iuuenis, Danaum praescripta dolentum,
ne, iugulatricem patris dum uiuere censes,
credaris non esse suus. non iure parentis
umbra, soporatum quae te conuenit Athenis,
occurret per mille uias? per limina portae
obsidet et tremulis haec uocibus astra lacessens
inuehitur: "sic, nate, paras defendere patrem,
sic decet extincti genitoris fata dolere,
sic dabis inferias nostris tu manibus ultor?
uitricus optabit tali se morte perire,
ut sit quae post membra rei crudelibus umbris
ingerat inferias animam parcentis Orestis:
uictima seruaris, fuerit nisi uictima mater."
quid facias genitore tuo tibi maesta loquente?
parcitur infaustis? pius es pietate repulsa!
ad tumulum patris fundantur membra reorum!
surge iuuentutis melior spes indole regni,
excitet ingenium uirtus et gloria mentem,
armentur pietate manus, crudelior ensis

583 sic **B**: si **A** **585** est *om.* **A** audire nefandum *C. G. Müller*: -ri n. **A**: audi bene fandum **B** **587** magis est quae **A**: mage it que **B** ora **B**: hora **A**; *cf. 109* **588** a **B**: ad **A**; *cf. AL 672,4* R^2 deorum *Zw.*: duorum *(ex 556. 608?)* **α**; *v. ad 546* **590** uiuere **A**: uidere **B** **592** soporatum *Maehly, Haase*^{2}: -rati **A**: -rat **B** **593sq.** per^2 ... obsidet] *v. ThLL IX 2,221,11* **594** obsidet et *Rothm*^{1} *22 et Rothm*^{2} *868 (coll. Val. Fl. 2,237sq.)*: -dete **B**: -det **A** lacessens *(ex* -scens*)* **A**: -ent **B** **595** inuehitur *Rothm*^{1} *22*: inuenitur **B**: immeritum **A** **596** genitoris fata dolere **B**: fata genitoris adempti **A** **598** uitricus **A**: uictr- **B** **600** inferias] *praedicative, cf. 10,425* **601** uictima seruaris **A**: uictimas et uaris **B**; *cf. 10,207* **602** loquente **A**: -tẽ **B** **603** es *C. G. Müller*: est **A**: an **B** **604** fundantur **A**: -dentur **B**

truncet in extremo gemitu fera colla duorum.
ibo libens comes ipse tuus per tela, per ignes
nec metuam quemquam: nostri sunt patris alumni.
sed dabo consilium sollers immune salubre:
explorator eam; tacita quos uoce monebo
aduentus sperare tuos. quae turba ministra
credula dum fuerit, nobis mox corde fauebunt
ac pro te rapient gladios: sic tutius itur.'
    talibus adloquiis accensus felle doloris
erigitur iuuenile fremens mortemque minatur
(dentibus inlisis frangebat murmura morsus)
et, quasi adulterio cuperet pastoris Egisti
mater in amplexus infamia membra ligare,
percutit absentes nullo moriente reorum:
qualiter infremuit post somnia Pyrrhus Achillis,
quae sensus monuere suos, cum nocte sopora
Aeacide stimulante truci deposceret heros
uirginis inferias, in Pergama saeuior umbra.
    Ergo ubi consilium placuit Pyladis Oresti,
mentibus armantur, solis mucronibus usi.
callibus occultis, qua semita ducit euntes,
ibant obscuri quaerentes ausa latere,

608 gemitu fera colla *Rothm*[1] *22*: gemitus feracula **B**: semifera colla **A**; *cf. laud. 1,107. 306* **610** Nec **A**: Hance **B**: haud *Rothm*[1] *20* nostri **A**: uestri **B** *(v. ad 100); intellege: 'a parte nostra sunt alumni patris tui'* **611** inmune *Buecheler et Leo*: inmane *(cf. carm. adv. Marc. 2,95)* **α**; *v. ThLL VII 1,507,5ff.* **612** tacita **A**: -tã **B** **613** ministra **A**: minis **B** **614** fauebunt *Rothm*[1] *22*: fruerunt **B**: ferentur **A**; *cf. 655* **615** rapient **A**: -iunt **B** tutius *C. G. Müller*: totius **B**: ocius **A**; *cf. Aetna 8* **616** alloquiis **A**: adloquis **B** felle doloris] *cf. Verg. Aen. 8,220* **617** iuuenile **A**: -ale **B** mortemque **A**: morte **B**: mortale *Baehrens (coll. 823)* minatur *Zw.*: -tus *(ex* morsus *618)* **α**; *cf. Stat. Theb. 11,295; Cypr. Gall. exod. 349* **618** inlisis *Maehly, Haase*[2]: inlesis *(*ill- **A***)* **α**; *cf. 8,355* murmura **B**: -re **A**, *sed cf. Stat. Theb. 11,337* **619** adulterio cuperet *Zw.*: -ium cap- **α** **620** mater *Zw.*: matris **α** ligare *Vollmer*: -ret **α**: ligantis *Mähly, Haase*[2] **621** reorum **A**: eorum **B** **623** cum **α**: sub *Rossb*[1] *23 (coll. Stat. Theb. 1,403; sed cf. Lucan. 2,236)* **624** deposceret **A**: cum *(ex 623)* posceret **B**; *cf. laud. 2,443* **625** inferias **A**: -ia **B** **626** ergo **B**: sic **A**; *cf. 8,563* **627** mentibus arm.] *cf. 657sq.; 8,285; Ven. Fort. Mart. 4,379* **629** ausa **A**: causa **B**

donec in infames iugulos uindicta ueniret.
sic Diomedeos gressus comitatus Vlixes
Dardana nocturnus peteret cum castra uiator,
sollicitum carpebat iter (non indice cornu
classica bellisonis quatiunt clangoribus auras,
sed pede suspenso tacitus sine flatibus oris
ibat ab Argolicis progressus puppibus audax
fortior Oenides, sollers Laërtius heros):
sic et Athenaei iuuenes petiere Mycenas.
    qui dum iter inceptum peragunt, nutritor Orestis
apparet Dorylas subito trepidantibus illis:
'unde uenitis', ait, 'iuuenes, quiue estis, amici,
quoue tenetis iter?' qui nullis uocibus usi
dum transire parant, Dorylas cognouit Oresten,
cuius in amplexum per dulcia colla ruebat
'uiuis alumne?' sonans 'quia uiuis, uiuimus omnes.
cessimus insidiis, dum luxuriatur adulter:
deliciis fruitur polluta matre potitus,
templa triumphorum, regalia tecta potentum,
et delubra deum uel puluinaria regum
crimine prostituens gaudet fecisse lupanar.
nos tamen ad tumulum magni genitoris euntes
plangimus adsidue; cuius promissa tenemus,
quamuis Cassandrae fuerint responsa priora,
quod superest cito poena reis. properate, sodales
indole Cecropia: uobis diuina fauebunt;
regales famuli scelus hoc punire precantur.
ne dubitate, uiri, uestras accendere mentes

633–637 (non indice ... heros) *parenthesin fecit Rossberg* **634** quatiunt *Rothm*[1] *23 (coll. Lucan. 5,751)*: -ens **α**; *cf. 7,75 et var. lect. Verg. Aen. 3,226* **635** sed *C. G. Müller*: sic **A**: si **B** **637** oenides **A**: inides **B** **638** sic et Athenaei iuuenes *Rothm*[1] *23*: sicaetatene iuuenes **B**: sic tacite iuuenes ambo **A** **639** inceptum **A**: coeptum **B** **640** dorilas subito **A**: doloiras sibi **B**; *cf. 475; 6,57* **643** Oresten] -em α; *v. ad 8* **644** amplexum **A**: -u **B**; *cf. Ov. fast. 4,171* **645** uiuis[1] **B**: -us **A** **649** deum **A**: ducum **B** **652** cuius promissa] *cf. 512sq. (Rossb*[4] *572)* **653** Cassandrae ... responsa] *cf. 137sqq.* fuerint **A**: -it **B** **655** cecropia **B**: cicr- **A** fauebunt **B**: -bant **A** **656** regales famuli **A**: regia familia **B**; *cf. 416*

et capulis armare manus, astringere ferrum:
hunc stimulet pietatis amor, te foedus amici,
hinc dolor exsurgat, hinc famae pulchra cupido.
nec labor ullus erit mulierem sternere turpem;
rustica praeterea quae sit mora frangere membra?'
  dixerat haec senior. spes haec accendit amicos
accelerare gradus: prope iam non esse Mycenas
quisque dolent iuuenes, sed 'pergimus' inquit Orestes,
'acceleremus iter' subicit Pylades et inquit
'ito prior, senior; nos festinare necesse est:
audiat haec seruilis amor secretus in aurem
et subito speret nos orta luce uenire.'
dixit; et abscedens senior praecessit ad urbem:
gaudia dant gressus celeres, quos denegat aetas.
iamque iter emensum: fessus peruenit ad arces,
indicat occulte paucis, quia uiuit Orestes
et uenturus erit uindex sub luce futura
sanguinis auctoris, monitis urgentibus omnes
ut taceant furtimque ferant cuicumque ministro.
cunctis nosse licet, solis hoc scire negatur
complicibus scelerum, ne se subducere possint
aut armis conferre manum, defendere uitam.
aduentum ad domini retinet pars uernula portas,
altera pars aedes, pars obsidet altera muros.

658 astringere **B**: et stringere **A**; *cf. Stat. Theb. 3,446 (Rossb*[4] *572)* **661** *bis habent* ***ex. Vat.*** *(v. 63 et 178 s. v.* muliērem*)* nec labor ullus erit **α** ***ex. Vat.*** *v. 178*: nec multus labor est ***ex. Vat.*** *v. 63; cf. Orest. 190* **663** dixerat ... spes] *cf. 204* haec[2] **α**: hinc *(cf. laud. 1,11; 3,350) Baehr*[1] *494* amicos **A**: -us **B** **664sq.** *om.* **A** **665** quisque dolent iuuenes *Rothm*[1] *23, Haase*[2]: quidque dolenti ualenes **B**; *v. ad 299* **666** adceleremus **A**: -amus **B**; *cf. Verg. Aen. 6,630; 9,221* subicit **B**: -iecit *(e exp.)* **A** **669** orta *Lucarini 317*: quarta **α** **671** *exhibent* ***exc. flor.*** dant **A** ***exc. flor.***: dent **B**; *cf. 8,110; Stat. Ach. 1,122* celeres] -is **B** **672** emensum *(cf. Liv. 21,30,5; 43,21,9)* **α**: -sus *C. G. Müller (cf. Verg. Aen. 7,160; 11,244; Stat. Theb. 2,375)* ad arces **B**: uterque **A** **676** cuicumque **B**: circumque **A** **677** scire **A**: nescire **B**: rescire *Haase*[2], *Baehr*[2] *638* **678** possint **A**: -ent **B** **680** ad *om.* **A** retinet pars **B**: pars ret. pars **A** portas *Rothm*[1] *24 (coll. 698)*: -us **α**

Reddidit interea rutilum post astra refundens
depositum natura diem stridentibus undis;
sol micat et melior compensat damna Thyestis.
uiderat Atrides muros, quos liquerat infans,
et memor illorum dextram cum uoce tetendit:
'salue, prisca domus, patriae saluete Mycenae,
exsecranda prius, sed post ueneranda manebis,
sanguine si matris cineres satiabo paternos.
sentiet umbra potens ultam se uindice nato,
quando Clytaemestram percussam uulneris ictu
uiderit, uxorem uelut auguris Amphiarai.'
dixerat et trepidus muros circumspicit hospes;
qua meminit, carpebat iter comitatus amico.
postquam introgressus, cognoscit turba ministra
os Agamemnonium, gressus oculosque manusque
et plausu gaudente fremunt sine uocibus oris.
'iam portae claudantur', ait Pylades Oresti.
claustra ligant aditus, crepuerunt classica Martis.
securi stupuere rei, terretur Egistus.
'non ego promisi Danais per saecla quietem?
nullus ad Argolicos moueat qui bella remansit
Hectore consumpto, Troia pereunte sub armis'
dicebat regina furens irata ministris;
'uindico, sic uiuam mecumque senescat Egistus!'
talia dum loquitur, quasi uindex saeua minatur,

682 rutilum **A**: rust- **B** **684** micat **A**: migans **B**^{ac}:-cans **B**^{pc} melior] *cf. 10,569; Coripp. Ioh. 8,318sq.* **685** atrides **A**: ari- **B** liquerat **A**: linqu- **B** **686** et ... dextram **A**: sed ... -um **B** **687** saluete **A**: salue **B** **691** Clytaemestram *Maehly* : eriphilem **A**: erifile **B** *(glossa ad 692* uxorem*)* **692** auguris amphiarai **A**: aguriis anfiarat **B** **693** circumspicit **A**: circum insp- **B**; *cf. laud. 2,191* ospes **B**: hostes **A** **695** introgressus *Vollmer* : -u **B**: -um **A**; *cf. Verg. Aen. 11,248; Stat. Theb. 3,345* cognoscit **A**: -sci **B** **696** manusque **B**: minaces **A**, *sed cf. laud. 1,396; Verg. Aen. 3,490* **697** plausu *Zw.*: planctu **α** gaudente **A**: -tes **B** **699** Martis *L. Müller 467 (coll. 27 et Tib. 1,1,4)*: mortis **α**; *v. Weyman 159* **700** stupuere **A**: stip- **B** **702** nullus **B**: ullus **A** qui bella **A**: quid uella **B** **703** pereunte] *i. q.* deleta, *v. ad 8,538* **704** dicebat **A**: -bã **B** *(ad 701sqq. cf. 394sqq.; 9,55sqq.)* **705** sic **B**: si **A** **706** minatur **α**: -ta *Rothm*^{1} *27 et Rothm*^{2} *869*

una puellarum male concita currit anhelans;
'uenit Orestes', ait, sed statim credita non est.
dum dubitant somnumque putant et uana locutam,
apparet uiolentus atrox Pylades in aula,
qualis in hoste fuit trux irreuocabilis Aiax,
Hectora cum peteret clipeo septemplice tectus;
ore fremens et fronte minax, mucrone coruscus
intonat auctores scelerum: 'crudelibus ausis
regnantes nunc usque truces euadere iustas
sperastis uos posse manus? modo saeua luetis
supplicia scelerum non una morte perempti.'
dixit et ad famulos ultricia uerba retorsit:
'praecipitate nefas solio de principis actum
et pede tractus eat fera uictima regis Atridis.
carnifices frangant durissima membra secures
et pereat pastor qua regem morte peremit;
ante tamen nostram perfundat sanguine dextram.'
dixit et exertum costis immerserat ensem.
saucia membra trahunt famuli pede uincla ligantes
postque fores portae, quibus est prostratus Atrides,
ossibus effractis minuunt per mille secures,
et male partitos per uulnera palpitat artus.
  at genetrix dilata putat sibi parcere natum
et secura sui iam pro pastore dolebat,
cum subito truculentus adest immanior hoste

707 male **A**: ale **B** **708** stātim] *cf. L. Müller de re m. 348 (de iunctura* statim credere *cf. Phaedr. 3,10,51)* **709** locutam **A**: -ta **B** **712** septemplice **A**: -ci **B** **713** coruscus **A**: -is **B** *(cf. 6,58; 2,25)* **714** autores **B**: act- **A** **715** regnantis *(-es Haase*[2]*)* **B**: regnastis **A** *(-astis ex 716* sperastis*)* **716** uos **AB**^{pc}: suos **B**^{ac} **717** supplicia **A**: suplia **B**; *cf. 8,299* **718** famulos **A**: f. suos **B** **719** actum *Baehrens*: ictum **α** **720** atridis **B**: -dae **A** **721** durissima **α**: turpissima *Schenkl, sed cf. 662 et Mart. Cap. 6,704 (vers.)* (haec tam duris immitis rustica membris*)* securis *(-es Maehly)* **B**: -ri **A** **722** regem **A**: rege **B** **727** effractis **A**: etfractis **B**: ecfr- *Baehrens ('cf. Housman, Classical Papers I 179' Deufert); v. ThLL V 2,203,43–52 (Claud. Don. Aen. 5,480 p. 478,12* effractis ossibus*)* **728** palpitat artus] *v. ad 5,281* **729** at **A**: ad **B** **730** iam **A**, *om. (spat. rel.)* **B**

matris in exitium famulorum nixus Orestes
agmine terribilis, qui captam crine trahebat
increpitans: 'impune tuum post funera patris
sperasti regnare nefas tumuloque parentis
iungere natorum uoluisti fata duorum?
uiuo (uides), scelerata parens; moriere cruente,
sed manibus iugulata meis super ossa mariti.'
conturbata parens nudis exerta papillis
orabat natum: 'per haec, puer, ubera, parce!
per superos patremque tuum, per cara sororis
pectora, quae nostro te tunc rapuere furori,
et per Pyladen (quod plus est) testor amicum:
da ueniam, miserere, precor, miserere parenti,
si dici sum digna parens.' tum natus 'inanes
perdis' ait 'lacrimas, genitor te expectat ad umbras.
Ilias ingemuit domini Cassandra ruinam
nec ferit Andromache famulans post Hectora Pyrrhum,
cum regina Phrygum fieret captiua Pelasgum:
praelato pastore ducis tu colla cruentas.
haec mihi Pylades meus imperat et soror urget:
ut iaceas mucrone meo, truculenta uirago.'
ast ubi nil potuit mulier de prole mereri,
mox redeunt animo Phrygiae praesagia uatis.
'si placet ulcisci genitorem' dixit 'in ambos,
Pyladis me dextra necet, necet ensis et idem,
et super ossa ruam recidens spirantis Egisti

732 nixus **B**: nisus **A**; *cf.* *475* **734sq.** tuum ... nefas] *sc.* Aegisthum **738** sed **α**: sic *Vollmer*: et *Maehly* **739** papillis **B**: mamillis **A** **740** pe hec puer **B**: puer ista per **A**: per ⟨ego⟩ haec puer *L. Müller 463*: per ⟨te⟩ haec precor *Maehly, sed cf. 457; 5,60* (nēc haec)*; 9,89* (ãt hic) **741** cara *Rothm*[1] *25 et Rothm*[2] *869 (coll. Verg. Aen. 11,215)*: clara **α** **742** furori **A**: -re **B** **743** piladen **B**: -em **A** testor **A**: estor **B** **744** parenti *Westhoff 16*: -te **B**: tis **A** **745** dici **A**: dicis **B** tũ **A**: tu **B** **746** ad umbras **A**: a *(nihil amplius)* **B**; *cf. Stat. Theb. 3,86* **748** hectora pyrrhum **A**: hec *(nihil amplius)* **B** **751** et] *'fort.* haec*' Rossberg (coll. 8,535)* **752** iaceas **A**: iactas **B** uirago **A**: uirgo **B** *ad* **754sqq.** *v. 148–150* **754** uatis *Sinner 508*: satis **B**: sortis **A** **756** necet necet *Sinner 508*: necet nec **A**: net necet **B** **757** recidens **A**: rece- **B**

et scelerum complex et nostri criminis auctor;
mixtus uterque cruor testabitur omnibus umbris,
consortes scelerum quia sors manet una malorum.'
'quod super ossa rogas moechi moribunda iacere',
natus ait, 'melius recides super ossa mariti;
nec cruor amborum miscebitur, ense nec uno,
criminibus ne fructus eat morientis amoris
aut operae pretium capiatis sorte malorum
supplicio sociante nefas: discreta iacebis.'
dixit et ad patris ueniens dat uerba sepulchrum:
'sancte parens, quia sensus iners et spiritus extas,
accipito inferias, quas offero. uictima iusta est:
macto Clytaemestram matronam regis Egisti
atque (utinam non!) ante tuam. solacia nosce:
nam iacet ille loco, quo tu percussus obisti.
aetatis mora iusta fuit, quod tardius hoc fit;
olim uelle fuit.' subicit Danaëia mater:
'sol pietas, elementa poli, mare flumina tellus
et rerum natura parens tuque atra uorago,
expectate uices nato redhibente parenti
quod genitus fuerit, mercedem cernite lactis.'
dixerat haec genetrix, surdis tamen auribus inquit.
quod potuit pietas, uultus auertit Orestes.
sol negat almus equos iterum de more Mycenis

758 complex ... auctor] *de se ipsa loquitur* et nostri **B**: sit nostri **A** *post* **760** *habet* **A** *v.* **766** *inclusum litteris* ua – cat, *iterum eundem suo loco (versus praeceptus erat propter homoeotel.* malorum *in 760. 765)* **763** nec[1] **B**: ne **A** ense **A**: mense **B** nec uno *Zw.*: minaci **α**: '*possis et* sub uno' *Deufert (coll. Val. Fl. 3,589); cf. 756; 10,547* **764** ne **A**: nec **B** morientis] *i. q.* mortui, *v. ad 8,538* **765** sorte **B**: forte **A** **768** parens **B**: pater **A** *(cf. 1,12)* **769** inferias **A**: infecias **B**; *cf. Ov. met. 8,490* **770** macto **A**: mato **B** **772** nam **B**: iam **A** **773** quod *Rothm*[1] *26*: quo **α** **774** daneia **A**: danae **B** **775** pietas] *v. ad 357* **776** parens **B**: potens **A**; *cf. laud. 3,554* **777** expectate **B**: haec spectate **A**: en spectate *Baehr*[2] *638* uices nato redhibente *Rothm*[1] *26 (coll. 231)*: ciues nator et hibente **B**: truci et nato perhibete **A** parenti **B**: -te **A** **778** quod genitus fuerit **B**: quo fuerit genitus **A** **779** haec **A**: et **B** **780** potuit **B**: potum **A** Orestes *C. G. Müller*: (h)orestis **α** **781** equos **A**: quos **B**

atque tenebroso subtexitur aëre caelum
(et non legitimam timuit mox Graecia noctem,
extimuit natura chaos, elementa tenebras),
laudat Enyo nefas, dextram copulabat Erinys:
pallia purpurea praestricto dente momordit,
concidit et tunicam manibus tendebat ad imos
usque pedes, metuens ne mortua nuda iaceret;
maesta uerecundo uoluebat lumina uisu,
uix semel, infelix, extrema in morte pudica,
quod non ante fuit, metuens in funere famam.
candida puniceo rutilantur membra cruore,
uerbere corporeo pressas quatiebat harenas,
tandem iussa mori uitam cum sanguine fudit.
tunc repetunt pariter regalia limina torui:
sic duo terribiles fulua ceruice leones
caede iuuencarum satiati lustra reposcunt.
regia sanguineos susceperat aula sodales;
conueniunt Danai, regis sub honore salutant,
pars dolet Atriden, sed pars dolet altera matrem,
nemo tamen facinus uerbis culpabat apertis,
nec fuerat quisquam qui non damnaret Egistum.
Transierat funesta dies, sol merserat undis
Oceano stridente rotas, redeunte sorore
roscida somnigerum reuocabat palla soporem,
tempus adhuc medium uoluebant sidera noctis:
nuntius Hermione uenit de uirgine rapta

782 aere **AB**^pc^: aerum **B**^ac^ *ut vid.; cf. laud. 1,254* **783sq.** *parenthesin fecit Zw.* **784** chaos] *syll. clausa producitur in arsi (in caesura), v. ad 5,35* **785** Enyŏ] -o *correpta* cŏpulabat *Rossberg*: capulabat **α**; *v. comm. crit. ad 7,36; intellege: 'dextram suam iungebat dextrae ferientis Orestis' (qui matrem occidere horrebat; cf. 780; Eur. El. 1221sqq.)* **786** purpurea *C. G. Müller*: -eo **α** prestricto **B**: constr- **A** **790** uix **AB**^pc^: ox **B**^ac^ **793** uerbere ... harenas] *cf. 264; Sil. 3,347* harenas **A**: arena **B** **795** limina **B**: lum- **A** **796** sic **AB**^pc^: tunc *(ex 795)* **B**^ac^ **797** saciati **A**: -ri **B**; *cf. Ov. met. 10,541* **800** Atriden set *Loewe 484**: atridens et **B**: atridem et **A** matrem **A**: mater **B** **804** sorore **A**: -rem **B** **805** roscida **B**: rosida **A** roscida ... palla] *sc. noctis, cf. laud. 2,531; Prud. ham. 86* **806** uoluebant **A**: -uerant **B** **807** ermione **B**: hermionae **A** rapta **A**: -am **B**; *cf. 8,585*

stirpis Achilleae Pyrrho praedante rapinam.
mox furit Atrides, qui sic est orsus amico:
'nos alius uocat ecce labor, nouus ignis amoris.
quid faciam? scelus est: passim raptatur adulta
sponsa toris promissa meis! tu regna guberna;
813 ibo ego per gladios flammas et mille cohortes,
836 per freta per campos per siluas flumina montes
814 (nam decet ultorem patris sibi quippe mereri),
dum tamen eripiam clamantem nomen Orestis.'
dixit et accinctus capulo produxit in hostem.
repperit Aeacidem subientem templa deorum,
aggreditur iuuenem, securum obtruncat ad aras
et redit ad Danaos elatus caede secunda.
  Dum solio fruitur patrio diademate pulcher,
astitit ante oculos genetrix sua non ut inermis,
sed facibus armata rogi, subcincta cerastis.
ignibus admotis resolutos orbibus angues
ingerit in faciem iuuenis, mortale minatur.
terruerant haec monstra uirum, fugit atria lustrans,
sed sequitur metuenda parens; petit ille recessus
per secreta domus, illic magis inuenit hostem.

808 achilleae **A**: achillae **B** Pyrrho *C. G. Müller*: pyrrhi **A**: piriti **B** rapinam *Rothm*[1] *26*: -na **α**; *cf. 8,544; Paul. Nol. carm. 19,476* **809** est orsus *Baehr*[2] *638, Loewe 484**: extorsus **B**: exorsus **A**; *v. ad 383* amico *Rothm*[1] *26*: -um **α** **810sq.** nouus ignis ... passim *om.* **A** **810** nouus *Baehrens*: notus **B** amoris *Peiper*: laboris **B** **811** est passim *Peiper*: est passim ẽ (*e. p.*: en *Rossberg)* **B** raptatur **A**: rapiatur **B** adulta **α**: inulta *Lucarini 318 (sc.* scelus est passim, rapiatur ... inulta?*)* *post* **813** *v.* **836** *inser. Zw. ('num post 813 traiciendus?' iam Baehrens)* **836** campos **B**: terras **A** siluas **A**: silua **B** **814** quippe **α**: quōque *Vollmer (de prosodia v. ad 4,15); sed cf. 8,466sq. (*licet ... quippe*)* mereri] *cf. 753; 8,284 et ThLL VII 805,59* **817** subientem **B**: subeuntem **A**; *v. Haase 35* **818** aras *Baehrens*: aram **A**: ara **B**; *cf. 8,151; Verg. Aen. 3,332* **820** pulcher **B**: frangit *(gloss. ad* obtruncat*?)* **A**; *cf. Ven. Fort. carm. 10,7,27; Mart. 2,289* **822** facibus **A**: faculis **B**; *cf. Prud. perist. 6,69* rogi **A**: -is **B** **823** *post* **824** **B** resolutos orbibus *Rothm*[1] *27*: resoluto sortibus **B**: resolutos crinibus **A**; *cf. Sil. 6,227sq.* **824** iuuenis **A**: iualenis **B** **825** fugit *Rothm*[1] *27 (coll. Verg. Aen. 4,473)*: furit **A**: fuit **B**; *cf. Aen. 2,528* **826** recessus **A**: recensus **B** **827** magis] *i. q.* tamen; *cf. 8,532 (ThLL VIII 60,45sq.)*

obice postposito mox ianua clauditur omnis:
repperit interius matrem in penetralibus aulae.
infremuit conata loqui: ‘crudelior’, inquit,
‘impie, non sat erat pietatis uulnus acerbum,
ut scelerata manus macularet sacra deorum?
claude adamanteas ferrato cardine portas,
obstrue per calcem si sunt tibi mille fenestrae:
omnibus ipsa locis adero tibi saeuior umbra.’
dixit et igne rogi crepitanti pectora turbat.
ast ubi pernicem non est fas uincere matrem,
it manus ad capulum, sed crebris ictibus auras
diuidit et uacuam reuocat sine uulnere dextram.
at miser increpitat: ‘meus est hic mucro cruentus
quo, meretrix, percussa iaces: feriere secundo.’
dixit, et agnoscens gladium grauis umbra fugatur
aëra per tenerum, tamen heu remanente furore.
    perfurit Inachius uindex, Agamemnonis heres,
ut furit ex Baccho male sobrius ille Lycurgus,
ut furit Alcides saeua terrente Megaera,
ut quondam furuit Danaum fortissimus Aiax:
infremit impatiens, tota discurrit in aula.
qui famulos matrem, matrem putat esse sodales:
mater erat quicumque fuit, uicinus ubique
aspis et ignis erat; fugit hos, simul appetit illos,
Pyladis tantum facies non terret amici.

828 clauditur **A**: clad- **B** **829** interius *Maehly*: inf- **α** **831** erat **A**: erant **B** **832** ut **B**: ni **A** macularet **A**: -re **B** **833** adamanteas **BA**^{ac}: -eos **A**^{pc} portas **B**: postes **A**; *cf. Sil. 12,595* **834** obstrue **A**: estrue **B** calcem **A**: calliũ *(l prima exp.)* est **B** fenestrae **A**: fun- **B** **836** *traieci post* **813**, *v. supra* **837** igne **A**: angue **B**, *sed cf. 822. 443* **838** pernicem *(-ici iam Rothm*^{1} *27) Schenkl*: -iciem **α** matrem *Rothm*^{1} *27*: matr **B**: matris **A** **839** it manus **A**: in manibus **B** set *Rothm*^{1} *27, Haase*^{2}: et **α** **841** at *Zw.*: ac **α**; *cf. 81. 729* **843** agnoscens **A**: -sces **B** fugatur **B**: grauatur **A** **844** furore **A**: -em **B** **846** baccho **A**: uaco **B** ligurgus **A**: licirgus **B** **847** alcides *(l corrupt.)* **B**: egides **A** terrente megera **A**: -tem egebat **B**; *cf. Lucan. 1,576sq.* **848** quondam **A**: quan- **B** **849** tota **B**: -am **A** aula *C. G. Müller*: -am **α** **850** matrem matrem **A**: matrem *(semel)* **B** putat **A**: -ant **B** **851** fuit **α**: *‘num* subit*?’ Baehrens* **852** fugit **B**: furit **A** hos **A**: os **B** **853** amici *Rossberg*: -cum **α**; *cf. 291. 517. 743*

inter delicias epulis regalibus aptas
esurit et facibus prohibetur tangere mensas.
sic inferna fames animo torquetur inane:
prandia conspiciens dapibus conferta potentum
ingemit, ac nullus cibus est, sed imago ciborum,
quos ne contingat Furia accumbente uetatur.
quid faciat? quos ille deos, quae numina poscens
eliciat supplex? an tertia regna fatiget?
  Dum deflent omnes et tota plangitur aula,
alter adest gemitus, tristis dolor et metus ingens.
uenerat Andromachae soboles Pyrrhique Molossus
ultorem genitoris agens. Pylades Oresten
tollit et externas subtractum mittit ad oras.
litora contigerat, fuerant ubi templa Dianae.
mos ibi saeuus erat: miser aduena uictima ferri
ducitur. erectus mox stat uittatus ad aras.
uidit, ut armatur ferro de more sacerdos:
expulsus terrore furor, mors proxima mentem
reddidit et partem tribuere aduersa salutis;
nam miser ingeminans Agamemnona saepe uocauit.

855 esurit et facibus **A**: esuriret fauc- **B** **856** inferna fames] *'sc. Tantalus, alii' ThLL VI 1,233,74; cf. Verg. Aen. 6,603sqq.* **857** prandia conspiciens **A**: gran- conspiens **B** conferta **B**: -serta **A** **859** ne contingat *Baehrens*: nec ut attingat **A**: nocet adtinguat **B** furia accumbente **A**: furiaccibente **B**: furia cohibente *Hagen*[2] **860sq.** quid faciat ... an ... tertia regna f.] *cf. Verg. Aen. 9,399sqq. (7,312) et Ov. fast. 4,584* **860** deos quae **A**: deos quo **B** poscens **A**: -ent **B** **861** an **A**: ut **B**: uel *Rossb*[1] *26* **862** deflent **A**: deplectent **B** **863** alter **B**: ultor **A** **865** Oresten] -em α; *v. ad 8* **866** tollit et **A**: tollite **B** externas **B**: extremas **A**; *cf. Ov. trist. 3,14,11* **867** litora contigerat *Rothm*[1] *7 (coll. Lucan. 8,33)*: litera conticera B: littore constiterant **A** ubi **B**: ibi **A** **868** ibi saeuus *Rothm*[1] *7*: ubi saeuus **A**: serbus ubi **B** **869** erectus **α**: -tas *Rothm*[1] *7; cf. 10,245* stat uittatus *Rothm*[1] *7, L. Müller 456. 465*: statuitatus **B**: ipse staturus **A** **870** armatur **B**[ac]: armetur **AB**[pc] ferro de more *Rossberg ad loc.*: [...] more *(lacuna 9 fere litt. relicta)* **B**: quod ferro more **A**: quod ferro ex more *Vollmer (cf. Stat. Theb. 7,568; de synal. v. Iuvenc. 1,282)* **871** mors **B**: mox **A** **872** tribuere **A**: triuere **B** **873** uocauit **A**: uocant **B**; *cf. Verg. Aen. 2, 769sq. (*ingeminans iterumque iterumque uocaui*)*

audierat sollers Iphigenia nomen Atridis:
'hostia, dic, quis eras, aut cur Agamemnona clamas?'
saucius ille refert: 'ego sum miserandus Orestes
matre Clytaemestra genitus, regnator Atrides
noster erat genitor.' non ultra passa loquentem
proiecit cultrum percussa fronte sacerdos:
'soluite, carnifices, trepidantia membra ligati:
sanguine corda carent, non est haec hostia grata.'
dixit et exutum uittis summouit ab ara,
omnibus exclusis non se negat esse sororem;
sed uidet interdum uitiata mente furentem
nil sano sermone loqui. quem nocte precatu
purgat et ablata migrat cum fratre Diana.
    Vt patriam rediere suam, mox fama Molossum
instruit: accusat gemino de crimine Oresten,
legibus exhibitum mediis induxit Athenis.
consedere patres templum praebente Minerua;
surgit Achilleus stimulatus amore paterno
et sic orsus ait: 'proceres, legalis origo,
arguo mortiferum sceleratae mentis Oresten,
sanguinis oblitum, humani iuris egenum,
sacrilegum superum, perfusum sanguine matris
et dextra fundente sua. sed adultera forsan
mater erat. Pyrrhus numquid fuit alter Egistus,
quem necat in templo caelestia dona ferentem,
euersorem Asiae, natum armipotentis Achilli?
forte refert quia mater erat scelerata profana,

874 ephigenia **A**: sifigenia **B** atridis **B**: -dae **A** **875** hostia] hospes *Buech*[3] clamas **A**: -ans **B** **876** saucius] *cf. 10,245* refert **A**: refret **B** **880** ligati *Rothm*[1] *7*: -is **α** **881** carent **B**: micant **A**; *cf. 10,246* **882** summouit **A**: summobitã **B** **885** precatu **A**: -tum **B** **887** patriam … suam **A**: -ia … sua **B**: -iae … suae *Haase 35* **888** de crimine **B**: discri- **A** Oresten] -em α; *v. ad 8* **889** induxit **B**: -cit **A** **890** consedere **A**: conscend- **B**; *cf. Ov. met. 13,1* **891** achilleus **A**: atihilleus **B**; *cf. 808* **893** Oresten] -em α; *v. ad 8* **894** *de hiatu in caesura ante* h *v. ad 10,327* **896** et **α**: en *Baehrens*: uel *Peiper* adultera *L. Müller 467*: et altera **A**: altera **B** **898** ferentem **A**: -te **B** **899** euersorem **A**: auers- **B** achilli **A**: achillis *(ex* ath-*)* **B** **900** refert] refret **B**[ac]

crimen adulterii cumulat quae morte mariti.
percutienda fuit rea maxima iudice iusto,
non tamen ense suo. quid iam peccasse pudebit,
cui prius est in matre nefas? censete seuera,
Cecropidae proceres; decet ultio talis Athenas,
cuius in exitium sat erit non culleus unus;
talibus hic opus est: aequentur uulnera membris,
partibus abscisis sibi sit de morte superstes,
tempore sub modico uiuax laniando cadauer.'
    haec ait et tacuit. cui sic respondit Orestes:
'summates Danaum, sapientes, lumina cordis,
culmen Athenaeum, censores iuris honesti,
gaudeo securus quod apud uos causa mouetur,
sunt quibus uxores, quibus est affectus amandus,
et meminisse reor primaeui temporis annos,
quid sit amor sponsae, thalami quae uota futuri.
dis superis grates, quod post tot funera mentis
arguor adsistens inter subsellia sospes.
incolumis ueneror sanctum per iura tribunal,
a licito discerno nefas. tractate, uerendi:
non de lite mea sententia uestra ferenda est,
sed de iure deum, qui me purgasse probantur,
dum medicinalem tribuunt per corda salutem.
924 nemo poli seruare deum, puto, uellet iniquum:
934 Pyrrhus erat raptor, uindex post bella rapinae

901 cumulat quae **A**: -latque **B**; *de sensu v. 439* **902** iudice **α**: uindice *Lucarini 318, sed cf. 494sq.* **903sq.** *(*quid ... nefas*) exhibent* ***exc. flor.*** **903** pudebit **αDL**: pigebit **XHP** **904** cui **α**: cum ***exc. flor.*** censete seuera **A**: censet hec reuera **B** **906** cuius **α**: huius *Baehrens; cf. Iuv. 8,213sq.* **907** hic *C. G. Müller*: hoc **α**: huic *Rossb[4] 574* **909** sub *Vollmer (cf. laud. 2,364; Coripp. Ioh. 6,44)*: sit **A**: sed **B** **911** lumina **B**: -ne **A**; *cf. laud. 1,473* **914** amandus **α**: -di *C. G. Müller, sed cf. ThLL I 1191,73sqq. (laud. 1,392)* **916** quid **A**: quod **B** **917** dis **B**: diis **A** **918** subsellia sospes **A**: subselias opes **B** **919** iura **A**: iara **B** **920** discerno **A**: disterno **B** tractate **B**: -ante **A** uerendi **A**: uenendi **B** **921** est *om.* **A** **923** salutem **A**: -es **B** **924** poli **α**: polis *Hagen[2]* **934** *post* **924** *transp. Zw. duce Schenkl, qui versus* 934.925.926 *(sic ordinatos) post* 916 *inseruerat; de* 925.926 *ante* 934 *inserendis cogitavit Rossb[4] 575*

iustior inuenior, dum matrem uindicat ultor:
si ulciscenda rea ⟨est⟩ genetrix, quid iam pater insons?
quis, rogo, sacrilegus, quis demens audeat almos
accusare deos, quibus est perfecta potestas?
scilicet accuset, uocet in certamina diuos,
obiciat facinus: praesumat bella gigantum.
forsitan obiciat: fuerant cur ergo furores?
cura doloris erat, proceres, nec poena reatus:
taedia sollicitant animos mentemque fatigant.
arguit unus iners quem comprobat ordo deorum.
quaeso, duces legum, sententia uestra resoluat
purgatum sub iure deum, sub sorte benigna.'
dixit et imposuit moderata silentia linguae.
consilium petitur, facta tractantur Orestis.
    mos erat arbitrii quod dispar calculus iret:
albus adest uitae, nam mortem russeus urguet.
iudicii certamen erat, sententia duplex
discrepat et numerus par est utrimque coloris.
calculus albus erat, habuit quem dextra Mineruae;
is datur ad uitae numerum: purgandus Orestes
dicitur et procerum talis sententia fertur:
'si decreta deum homini tractare liceret,
posset Orestis opus legali tramite quaeri;
sed quia praescripto capimur, clementia caeli

926 rea ⟨est⟩ *L. Müller 455sq.* **927** *om.* **A** sacrilegus *Maehly, Haase*[2]: -os **B** **927sq.** (quis demens ... potestas) *exhibent* ***exc. flor.*** *(927 om.* **D**, *928* **L**) **928** accusare **α**: inc- ***exc. flor.*** perfecta **αX**: permissa **DHP** *(ex Lucan. 1,595)* **929** accuset **A**: auc- **B** diuos **A**: duos **B**; *cf. Verg. Aen. 6,172* **930** obiciat *Peiper*: ouiciat **B**: quid faciat **A** **931** furores **B**: nocentes **A** **932** nec *Peiper*: ne **B**: non **A** **935** deorum **A**: deo **B** **936** sententia **A**: sentia **B** **939** facta **A**: fata **B** **940** arbitrii quod **A**: arbitri quos **B** **941** russeus **A**: ruffeus **B** **942** dupplex **A**: suplex **B** **943** par est *C. G. Müller*: paris **B**: paris est **A** utrinque **A**: utrique **B**; *cf. Ov. ars 3,365* **945** is **A**^{pc} *(ex* id*)*: his **B** Orestes] -is **α** **946** dicitur **AB**^{pc} *(ex* du-*)*; *cf. Varro ling. 6,61 (fere i. q.* 'iudicatur'*) vel ThLL V 1,978,4sqq.* ('statuere, edicere'; *978,75 cum praedicativo: Verg. Aen. 6,138)* procerum **A**: poc- **B** fertur *Rothm*[1] *28*: perra **B**: uera **A**; *cf. 921sq.; 8,39; laud. 1,545; Iuv. 2,62* **947** deum *bis* **B** *de hiatu in caesura ante* h *v. ad 10,327*

nec sinit audiri, iuris censura quiescat.
quis temerator erit caelestia iura mouere?
non erat impunis Paris arbiter ille dearum,
Tiresias nec erat iudex impune Tonanti.
raptor obit Pyrrhus, iusto mucrone peremptus.
quod per templa ruit, fuit en perfecta potestas,
si uellent, punire deis. securus Orestes
sitque redux patriae nullo damnante reatu.'
actum erat. excipiunt populi clamore fauentes,
suscipit egressum Pylades laetus amicum
amplexaeque tenent laeua dextraque sorores,
quattuor et reduces laeti petiere Mycenas;
regia diuitiis repetuntur tecta relatis.
    Di, quibus imperio est facilis concessa Tonantis
aëris et pelagi terrae caelique potestas,
uos pietas miseranda rogat, uos mitis honestas,
uos bona simplicitas, affectus sanguinis orat,
uos genus humanum, consortia sancta cruoris,
stemmata uos generis, cognatio iuncta precatur:
crimina Lemniadum sat erant, Danaëia festa,
quae thalamos fecere rogos, et facta Thyestis
innumerumque nefas, quod sit narrare pudoris;
ecce Mycenaea triplex iam scaena profanat

950 nec *Maehly*: non **α**; *cf. Ov. met. 11,485* censura **A**: ten- **B** **951sq.** (qui temerator ... impunis) *exhibent* ***exc. flor.*** *(om.* **L***)* **951** *et* **952** *post* **952** *repetiti sunt in* **B** **951** quis **BP**: qui **A** ***exc. flor.*** *(praeter* **P***); cf. Claud. rapt. Pros. 3,429* iura] iussa **B**[iter.] **952** erat **B**[iter.]: erit **α** ***exc. flor.*** **953** Tiresias nec *L. Müller 463 (coll. Ov. met. 3,316–338;* nec Tiresias *iam Rothm*[1] *29)*: necterestas **B**: non praestatus **A** **955** fuit en] *cf. Arator act. 1,592; AL 834,1 R*[2] en *Baehr*[2] *638*: est **α** *(cf. 928)*: et *C. G. Müller* **957** damnante **A**: -es **B** **958** actum erat **A**: a[.]ttuerant *(c erasa)* **B** **959** egressum *C. G. Müller*: -us **α** **960** amplexeque **B**: -uque **A**; *cf. Verg. Aen. 2,490* tenent **A**: tent **B** **962** diuiciis **A**: diuitis **B** repetuntur *Rothm*[1] *29*: reputuntur **B**: implentur **A**; *cf. 795* **963** Di] Dii **α**; *cf. Verg. Aen. 6,264* **965** honestas **A**: -os **B** **966** bona **A**: una **B** **968** uos **A**: hos **B** **969** lemniadum **B**: naiadum **A** erant **B**: erunt **A** Danaëia] daneia **α** festa *Vollmer*: fecta **B**: facta **A** **970** et facta **A**: effacta **B** **971** narrare **A**: narre **B** pudoris **B**: pudori *(ex Ov. met. 7,687)* **A**, *sed cf. 5,253; 8,25; 9,58* **972** Mycenaea *C. G. Müller*: -neas **B**: -neos **A** scena **A**: stena **B**

Graiugenum famam: uestro iam parcite mundo
atque usum scelerum miseris arcete Pelasgis.

973 Graiugenum **A**: Gradum genum **B** famam **A**: famamque **B** uestro **B**: nostro **A** **974** scelerum **B**: -ris **A**; *cf. Lucan. 2,97* FINIS *subscr.* **A**

DE MENSIBVS

IANVARIVS

Purpura iuridicis sacros largitur honores
et noua fastorum permutat nomina libris.

FEBRVARIVS

Sol hiemis glacies soluit iam uerbere uictas;
cortice turgidulo rumpunt in palmite gemmae.

MARTIVS

Martia iura mouet (signis fera bella minatur,
excitet ut turmas) et truncat falce nouellas.

APRILIS

Post Chaos expulsum rident primordia mundi.
tempora pensantur noctis cum luce diei.

MAIVS

Prata per innumeros uernant gemmata colores;
floribus ambrosiis caespes stellatur odorus.

IVNIVS

Messibus armatis flauae crispantur aristae:
rusticus expensas et fluctus nauta reposcit.

IVLIVS

Humida dant siccas messes domicilia Lunae:
fontanas exhaurit aquas, ut Nilus inundet.

Dracontii carmina 'De mensibus' et 'De origine rosarum' leguntur in Patria historia *Bernardi Corii, Mediolani 1503, fol 10*^{v}*; v. Nosarti 195*^{3} *(Zw. Proleg. ad loc.)* **3** uerbere uictas *Nosarti 195–198*: uerbere niues *Corius*: uere niues⟨que⟩ *Baehr*^{7} *315* **5** Martia ... minatur] *conflatum ex 8,469 et 644* **6** truncat *Riese (AL 874*^{a} *R*^{2}*)*: -et *Corius* **9** per ... colores] *cf. laud. 1,310; Mart. 2,46,1* uernant *Baehr*^{7} *315*: -at *Corius* gemmata] *cf. laud. 1,181. 630* **10** stellatur] *cf. laud. 1,717* **11** flauae crispantur *Baehr*^{7} *315*: crispae flauantur *Corius* **13** domicīlia Lunae] *cf. Housman, Class. Pap. II 810sqq.*

AVGVSTVS

Atria Solis habet, sed nomen Caesaris adfert.
mitia poma dabit, siccas terit area fruges.

SEPTEMBER

Aestuat autumnus passim uariantibus uuis,
agricolis spondens mercedem uina laborum.

OCTOBER

Promitur agricolis saltantibus ebrius imber;
rusticitasque decet gaudens plus sordida musto.

NOVEMBER

Pigra redux torpescit hiems; mitescit oliua,
et frumenta capit quae fenore terra refundat.

DECEMBER

Algida bruma rigens onerat iuga celsa pruinis
et glaciale gelu nutrit sub matribus agnos.

16 dabit *(sc. pro* dat*) Corius*: cadunt *Courtney 51 (coll. AL 395,34* R^2 *[= 391 SB]); cf. Mart. 10,48,18* **17** passim *Vollmer*: partim *Corius; cf. laud. 1,189 et iuncturam* passim uarias *in Ov. met. 11,613; Stat. Ach. 2,66* **20** decet] *i. q.* decori est, *cf. ThLL V 1,131,43* **23** rigens *Zw.*: niuans *Corius; cf. 10,172*

DE ORIGINE ROSARVM

Laeditur alma Venus, dum Martis uitat amores
et pedibus nudis florea prata premit:
sacrilega placidas irrepsit spina per herbas
et tenui plantas uulnere mox lacerat.
funditur inde cruor, uestitur spina rubore:
quae scelus admisit, munus odoris habet.
sanguine cuncta rubent croceos dumeta per agros
et sancit uepres astra imitata rosa.
Quid prodest, Cypris, Martem fugisse cruentum,
cum tibi puniceo sanguine planta madet?
sanguineis Cytherea genis, sic crimina punis,
furacem ut spinam flammea gemma tegat?
sic decuit doluisse deam, sic numen amorum,
uindicet ut blandis uulnera muneribus.

carmen 'De origine rosarum' traditum est a B. Corius (v. supra ad 'De mensibus') **1** laeditur *dubitanter Nosarti 199 (coll. Repos. 58)*: dicitur *Corius*: icitur *Traube* **4** tenui *dubitanter Nosarti 199*: tenero *Corius, quem sequitur Nosarti 199–201 vocem* tenero *ut hypallagen interpretans*: teneras *Alfonsi 101* **7** croceos *Baehr*[7] *316*: -us *Corius* **8** astra imitata] *cf. 10,99 (*micat ignis ut astra*)* **12** furacem *Zw.*: ueracem *Corius*: mordacem *Baehr*[7] *316*

FRAGMENTA

I

flor. Ver. (fol. 1^r col. 2 v. 1) Bloxus in Romulea:

quia numina semper
irasci miseris possunt, felicibus autem
et praestare uolunt.

II

Tristanus Calchus, Historia patriae, Mediolani 1627, 55sq. (corr. ex cod. Ambros. A 188 inf., f. 35v.)

Sericus in uentos gemmato lumine serpens
tenditur et rutilas uibrat per nubila cristas

III

periit carmen in honorem Zenonis (ut vid.) imperatoris Byzantini.

IV

item periit carmen in honorem Thrasamundi regis; vide B. Corium (supra ad 'De mensibus'*)*

I 1sq. numina ... possunt] *cf. Lucan. 3,449* **II 1** *de draconum signis v. Amm. 16,10,7; Claud. 28,566sqq.; Sidon. carm. 5,402sqq.* **1sq.** gemmato lumine ... uibrat] *cf. laud. 3,697* serpens ... per nubila] *ex Claud. 7,139* **2** uibrat ... cristas] *cf. Ov. met. 15,683sq.*

INDEX LOCORVM QVI IN APPARATV CRITICO AFFERVNTVR

INDEX NOMINVM

www.ingramcontent.com/pod-product-compliance
Lightning Source LLC
Chambersburg PA
CBHW060820310726
48980CB00002B/359
* 9 7 8 3 1 1 0 5 0 1 2 4 7 *